普通高等教育一流本科课程教材

广东省一流本科课程"化学教学论"配套教材

化学教学设计

HUAXUE JIAOXUE SHEJI

邓　峰　钱扬义　主编
肖常磊　罗秀玲　副主编

化学工业出版社

·北京·

内容简介

本书整合教学设计一般理论、学科教学知识理论、板块化教学理论，提出化学教学理解理论，并据此构建CPU系统设计模式，同时提供该设计模式的具体应用案例。每章均安排了本章导读、学习目标、课前头脑风暴、课间任务、要点回顾、思考拓展、反思活动等栏目，以便读者在阅读、练习、实践及反思的过程中更好地把握重点与自我检测。本书将理论分析与案例解读相结合，可操作性强，为中学化学教师的"素养为本"教学设计能力的提升提出有效路径。

本书可作为高等学校学科教学（化学）专业研究生、化学课程与教学论研究生及化学（师范类）专业本科生的教材或教学参考用书，也可作为化学教育博士研究生、硕士研究生、本科生自学的参考用书，以及广大基础化学教育工作者、化学教学研究人员的参考用书。

图书在版编目（CIP）数据

化学教学设计/邓峰，钱扬义主编. —北京：化学工业出版社，2022.9（2024.11重印）
ISBN 978-7-122-41355-0

Ⅰ.①化… Ⅱ.①邓…②钱… Ⅲ.①中学化学课-教学设计 Ⅳ.①G633.82

中国版本图书馆CIP数据核字（2022）第074408号

责任编辑：陶艳玲 文字编辑：杨凤轩 师明远
责任校对：赵懿桐

出版发行：化学工业出版社（北京市东城区青年湖南街13号 邮政编码100011）
印　　装：北京建宏印刷有限公司
787mm×1092mm 1/16 印张11½ 字数276千字
2024年11月北京第1版第4次印刷

购书咨询：010-64518888　　　　售后服务：010-64518899
网　　址：http://www.cip.com.cn

凡购买本书，如有缺损质量问题，本社销售中心负责调换。

定　　价：39.00元　　　　　　　　　　　　　　版权所有　违者必究

前言

新一轮高中化学课程改革立足于发展学生化学核心素养，要求教师具有良好的化学教学理解（chemistry pedagogical understanding，CPU）。CPU 指的是教师在理解化学课程与具体学情的基础上，结合具体教学情境设计并运用有助于学生理解特定化学主题的各种教学与评价，以达到特定取向教学目的的一种具有建构性、动态性与系统性的理解。本书借鉴国内外（化学）教学设计理论与学科教学知识（pedagogical content knowledge，PCK）理论研究成果（第 1 章），提出 CPU 系统设计模式（第 2 章）。该设计模式包括任务分析（A）、策略设计（B）与参数提炼（C）三个子系统。其中"任务分析"子系统包括（对某一节化学课）教学内容架构分析（A1，见第 3 章）、课堂教学板块结构与素养功能分析（A2，见第 4 章）以及学习特征分析（A3，见第 5 章）三个要素——它们主要对应化学学科理解、化学课程知识、化学教学取向、化学学情知识四个 CPU 核心组分及其相互作用。"策略设计"子系统包括化学学习任务或活动的设计（B1，见第 6 章）、化学教学情境或问题的设计（B2，见第 7 章）以及评价发展设计三个要素（B3，见第 8 章）——它们主要对应化学策略知识与化学评价知识两个 CPU 核心组分及其相互联系。"参数提炼"子系统则包括教学重难点的提炼（C1，见第 4、5 章）、教学与评价目标的提炼（C2，见第 8 章）与教学主线的提炼（C3，见第 9 章）——由于它们主要以 A 与 B 两个子系统为基础，故对应六个 CPU 核心组分及其相互联系。在上述"理论篇"（第 1~2 章）与"设计篇"（第 3~9 章）之后，"案例篇"提供 3 个关于 CPU 设计模式的具体应用实例，以帮助读者更好地理解 CPU 设计模式的内涵与操作。

本书编写具有以下特色。

（1）前沿性。本书以最新颁布的《中学教师专业标准》《教师教育课程标准》以及《普通高中化学课程标准（2017 年版 2020 年修订版）》为依据；同时，所采用的案例均为指向化学核心素养的教学设计实例。

（2）理论性。系统整理国内外前沿的 PCK 研究成果、（化学）教学设计理论以及板块化教学理论，创新性地提出"化学教学理解"（CPU）理论，并据此构建逻辑性与系统性较强的 CPU 系统设计模式。

（3）实践性。本书在介绍如何运用 CPU 系统设计模式时，均给出可操作性强的实施步骤与翔实的设计实例，有助于读者亲身体验化学教学设计的基本原理与方法。

（4）思维性。本书从"理论篇"到"设计篇"，再到"案例篇"，均非常重视提升读者的系统逻辑思维与创新设计思维两类高阶思维。

本书编写思路、框架结构和内容编排由华南师范大学化学学院邓峰副教授与钱扬义教授共同设计，并由邓峰副教授统稿与定稿。

本书从开篇到定稿得到诸多良师益友的帮助与支持。感谢编者所在的教学研究团队的参与人员，从最初的资料整理到最后的格式修改，他们付出了辛勤的劳动，在此表示感谢。感谢华南师范大学教务处新形态教材建设项目的资助。

由于编者水平和时间有限，书中难免存在不足之处，谨请同行与广大读者批评指正。

编者
2022 年 2 月于楠园

注：本书是以下项目的阶段性研究成果。

2018 年度广东省高等教育教学改革项目（基于移动平台的设计导向混合式学习模式的探索与实践——以《化学教学论》为例）（项目编号：粤教高函〔2018〕180 号）

2021 年度广东省一流本科教程"化学教学论"建设项目（项目编号：粤教高函〔2022〕10 号）

2020 年度华南师范大学"质量工程"立项建设项目（《化学教学设计与实践》在线开放课程）

2020 年度华南师范大学"质量工程"立项建设项目（化学学科共建"专家上讲台"教研模式的构建与实践）

目录

理论篇 1

第1章 化学教学理解理论
  本章导读 ………………………………………………………………………… 3
  学习目标 ………………………………………………………………………… 4
  课前头脑风暴 …………………………………………………………………… 4
1.1 ▶ 化学教学理解（CPU） …………………………………………………………… 5
  1.1.1 CPU 的定义取向 ……………………………………………………… 5
  1.1.2 CPU 的组分界定 ……………………………………………………… 6
  1.1.3 CPU 的理论模型 ……………………………………………………… 7
1.2 ▶ 化学学科理解（SMU） ………………………………………………………… 9
1.3 ▶ 化学教学取向（CTO） ………………………………………………………… 12
1.4 ▶ 化学课程知识（KoC） ………………………………………………………… 13
1.5 ▶ 化学学情知识（KoL） ………………………………………………………… 17
1.6 ▶ 化学策略知识（KoS） ………………………………………………………… 19
1.7 ▶ 化学评价知识（KoA） ………………………………………………………… 21
  要点回顾 ………………………………………………………………………… 26
  思考拓展 ………………………………………………………………………… 27
  反思活动 ………………………………………………………………………… 27

第2章 CPU 系统设计
  本章导读 ………………………………………………………………………… 29
  学习目标 ………………………………………………………………………… 30
  课前头脑风暴 …………………………………………………………………… 30
2.1 ▶ 化学教学系统理论 ……………………………………………………………… 31
2.2 ▶ 化学教学设计理论 ……………………………………………………………… 32
2.3 ▶ CPU 系统设计模式 ……………………………………………………………… 38
  要点回顾 ………………………………………………………………………… 43
  思考拓展 ………………………………………………………………………… 44

　　　　反思活动 ·· 44

设计篇　　　　　　　　　　　　　　　　　　　　　　　　　　　　　　　45

第 3 章　任务分析——内容架构分析
　　　　本章导读 ·· 47
　　　　学习目标 ·· 48
　　　　课前头脑风暴 ·· 48
　　3.1 ▶ 化学教学内容架构分析的实施步骤 ·· 49
　　3.2 ▶ 化学教学内容架构分析案例 ·· 49
　　　　要点回顾 ·· 53
　　　　思考拓展 ·· 54
　　　　反思活动 ·· 54
　　　　学生作业示例 ·· 55

第 4 章　任务分析——板块功能分析
　　　　本章导读 ·· 57
　　　　学习目标 ·· 58
　　　　课前头脑风暴 ·· 58
　　4.1 ▶ 化学教学板块功能分析的实施步骤 ·· 59
　　4.2 ▶ 化学教学板块功能分析案例解读 ·· 59
　　4.3 ▶ 教学重点的提炼方法 ·· 62
　　　　要点回顾 ·· 65
　　　　思考拓展 ·· 65
　　　　反思活动 ·· 66
　　　　学生作业示例 ·· 66

第 5 章　任务分析——学习特征分析
　　　　本章导读 ·· 68
　　　　学习目标 ·· 69
　　　　课前头脑风暴 ·· 69
　　5.1 ▶ 化学学习特征分析的实施步骤与案例解读 ·· 70
　　5.2 ▶ 教学难点的提炼方法与案例解读 ·· 77
　　5.3 ▶ 迁移性教学目标的提炼与案例解读 ·· 78
　　　　要点回顾 ·· 79
　　　　思考拓展 ·· 80

反思活动 ……………………………………………………………………………… 80
　　学生作业示例 ………………………………………………………………………… 80

第 6 章　策略设计——任务/活动设计

　　本章导读 ……………………………………………………………………………… 82
　　学习目标 ……………………………………………………………………………… 83
　　课前头脑风暴 ………………………………………………………………………… 83
6.1 ▶ 化学学习任务/活动设计的方法与案例 …………………………………………… 84
6.2 ▶ 化学学习任务/活动的设计案例 …………………………………………………… 84
　　要点回顾 ……………………………………………………………………………… 86
　　思考拓展 ……………………………………………………………………………… 86
　　反思活动 ……………………………………………………………………………… 86

第 7 章　策略设计——情境/问题设计

　　本章导读 ……………………………………………………………………………… 88
　　学习目标 ……………………………………………………………………………… 89
　　课前头脑风暴 ………………………………………………………………………… 89
7.1 ▶ 化学教学情境/问题设计的依据 …………………………………………………… 90
7.2 ▶ 化学教学情境/问题的设计实施步骤及案例 ……………………………………… 90
7.3 ▶ 建构性教学目标的提炼与案例 …………………………………………………… 96
7.4 ▶ 化学教学目标的编制及案例 ……………………………………………………… 96
　　要点回顾 ……………………………………………………………………………… 98
　　思考拓展 ……………………………………………………………………………… 99
　　反思活动 ……………………………………………………………………………… 99
　　学生作业示例 ………………………………………………………………………… 99

第 8 章　策略设计——评价发展设计

　　本章导读 ……………………………………………………………………………… 101
　　学习目标 ……………………………………………………………………………… 102
　　课前头脑风暴 ………………………………………………………………………… 102
8.1 ▶ 化学学习评价任务设计的实施步骤及案例 ……………………………………… 103
8.2 ▶ 化学学习评价目标的提炼 ………………………………………………………… 106
8.3 ▶ 化学学习评价目标的编制及案例 ………………………………………………… 107
8.4 ▶ 化学学习评价工具的设计及案例 ………………………………………………… 109
　　要点回顾 ……………………………………………………………………………… 114
　　思考拓展 ……………………………………………………………………………… 115
　　反思活动 ……………………………………………………………………………… 115
　　学生作业示例 ………………………………………………………………………… 115

第9章 设计主线提炼

  本章导读 …………………………………………………………………… 117
  学习目标 …………………………………………………………………… 118
  课前头脑风暴 ……………………………………………………………… 118

9.1 ▶ 基于内容架构分析的知识线提炼 ………………………………………… 119

9.2 ▶ 基于板块功能分析的素养线提炼 ………………………………………… 120

9.3 ▶ 基于学习特征分析的思维线提炼 ………………………………………… 121

9.4 ▶ 基于任务/活动设计的任务线提炼 ………………………………………… 122

9.5 ▶ 基于情境/问题设计的情境线提炼 ………………………………………… 123

9.6 ▶ 基于评价发展设计的评价线提炼 ………………………………………… 124

  要点回顾 …………………………………………………………………… 130
  思考拓展 …………………………………………………………………… 130
  反思活动 …………………………………………………………………… 130
  学生作业示例 ……………………………………………………………… 130

案例篇   131

案例1 二氧化硫的化学性质——基于食品添加剂的视角

案例2 原电池——基于模型认知的视角

案例3 金属的防护——基于模型建构的教学视角

附录 333设计导引

数字化资源位置说明

理论篇

第 1 章　化学教学理解理论

第 2 章　CPU 系统设计

第 1 章

化学教学理解理论

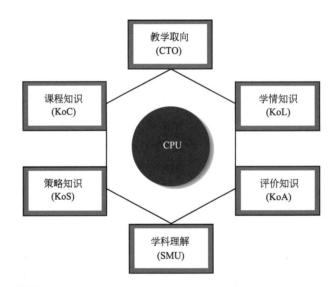

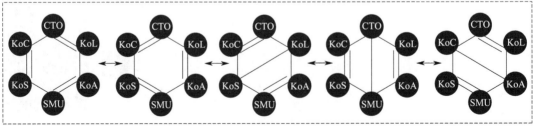

本章导读

　　理论可以为教学设计提供坚实的基础，国内外诸多教育家都曾提出过教学理论。本章节将为大家介绍基于国外教育学家舒尔曼与马格努森提出的 PCK 理论框架发展而来的 CPU 理论。

　　本章主要对 CPU 的六个组分做详细的介绍，引导读者理解 CPU 理论的内涵及其各组分之间的关联，在学习本章时读者可联系自身经验思考如何将理论知识与教学设计实践活动相联系，教学设计中的各部分内容如何与 CPU 各组分相联系，在案例学习和自主思考中强化对理论指导教学设计的实践意义的认识。

学习目标

- 能列举学科教学知识（PCK）理论的主要流派及其区别；

- 能描述CPU的各个组分与内涵，以及各组分之间的关系；

- 能基于CPU理论初步构思特定课时化学主题的课堂教学设计；

- 能基于CPU理论初步反思自身的化学教学理解水平。

课前头脑风暴

- 在你心目中，化学课堂教学的场景是什么样的？请使用隐喻（如"老师像导游一样介绍""园丁般的老师在栽种"）来绘制一幅化学课堂教学的画，并附上文字说明画中各图标或符号的含义。文字说明中须涵盖课堂所体现的化学教育目的、教学过程中师生角色，以及图中是如何比喻化学知识的。

- 你个人认为，一名优秀的中学化学教师在教学方面需要具备哪些核心知识？

- 你认为拥有丰富学科知识的中学化学教师一定能教好化学吗？请说明理由。

1.1 化学教学理解（CPU）

化学教学理解（CPU，chemistry pedagogical understanding）理论主要基于国内外理科（化学）教师学科教学知识（PCK，pedagogical content knowledge）研究成果[1]而提出。相应地，以下将分别从定义取向、组分界定与理论模型三个方面讨论如何基于 PCK 研究发展出 CPU 理论，尤其讨论 CPU 优于 PCK 之处。

1.1.1 CPU 的定义取向

PCK 最早由美国学者舒尔曼（Shulman）提出，它主要包括向学习者组织和呈现特定主题或问题的知识，以适应不同兴趣和能力的学习者。同时，它也可视为由学科内容知识（content knowledge）与教学知识（pedagogical knowledge）二者融合而形成的新知识范式，且被认为是最有可能区分学科专家与学科教育者的一类知识[2]。1986 年舒尔曼指出，在 20 世纪 70 年代的教师培训和教师教学中主要强调学科专业知识，到 80 年代中期转而只关注一般教学法知识却忽略了学科知识，从而指出这是教师教育和教师教学中"缺失的范式"（missing paradigm）。针对这些问题，他提出 PCK 这一概念，并将其诠释为通过有用的类比、图解、举例、解释和证明等表征学科知识的方法。1987 年，舒尔曼将 PCK 与"学科知识（subject matter knowledge，SMK）""一般教学法知识""课程知识""学习者及其特征的知识""教育情境的知识""教育目的、目标和价值及其历史和哲学背景的知识"共同并列为七大教师知识基础[3]。我国 2012 年颁布的《中学教师专业标准》中将 PCK 作为中学教师培训与考核的重要内容之一，更加明确了 PCK 在教师专业发展中的重要地位。

随后，不少学者对舒尔曼的定义做进一步的完善，尤其在具体学科方面做限定，以更好突显 PCK 的学科专属性。譬如，Geddis 等人（1993）将 PCK 界定为在将学科知识转化为学生更易理解的形式中发挥作用的知识[4]；王霞（2011）则将化学 PCK 定义为一类教师将自己所具备的化学学科知识以学生更易懂的表征方式加工、转化、表达并传授给学生的知识[5]。与舒尔曼的观点相似，这些定义均倾向于认可 PCK 定义的核心内容在于根据教学目标并在教学实践中对学科知识进行"转化（transform）"。

然而，根据研究者们对"转化"这一过程理解的差异，PCK 的定义可分为两类。第一类定义主要沿用舒尔曼早期的 PCK"静态结构观"，认为 PCK 是特定学科内容知识和教学

---

[1] 邓峰，冯艳芳，李美贵. 国内外理科 PCK 理论研究的进展与启示 [J]. 化学教育，2019，40（5）：86-90.
[2] Shulman L S. Those who understand: Knowledge growth in teaching [J]. Educational Researcher, 1986, 15 (2): 4-14.
[3] Shulman L S. Knowledge and teaching: Foundations of the new reform [J]. Harvard Educationl Review, 1987, 57 (1): 355-356.
[4] Geddis A N, et al. Transforming content knowledge: Learning to teach about isotopes [J]. Science Education, 1993, 77 (6): 575-591.
[5] 王霞. 高中化学新手型教师与经验型教师 PCK 比较的个案研究 [D]. 武汉：华中师范大学硕士学位论文，2011.

法知识的特殊融合，它可视为储存于教师认知结构中的一种静态的事实性知识，且能从课堂情境之外获得与发展，即教师的 PCK 可通过专门的培训习得，这也是该观点较受欢迎的原因所在。第二类定义则倡导 Cochran 等学者（1993）[1] 主张的 PCK"动态建构观"（pedagogical content knowing，PCKg），认为 PCK 应包括 SMK、教学策略知识、学生知识、学习情境知识及其之间的相互作用，同时非常强调 PCK 的动态性与情境性，即教师 PCK 是可建构发展的且离不开特定的教学情境（如教学设计与实施过程）。与第一类定义相比，第二类定义似乎更具合理性与说服力。舒尔曼[2]因此于近年修正其 PCK 定义，并主张 PCK 并非教师脑海中所拥有的某种"实物"，而是教师结合实际教学挑战（如特定的学习者情况、具体学科主题与教学情境）所建构的动态性知识。与"动态建构观"相似，该观点为 PCK 的定义往动态性方向的发展奠定了坚实基础，也为 CPU 的定义取向提供了有益参考。

作为一种具有学科专属性的 PCK，CPU 指教师在理解化学课程与具体学情的基础上，结合具体教学情境设计并运用有助于学生理解特定化学主题的各种教学表征与评价，以达到特定取向教学目的的一种具有建构性、动态性与系统性理解。与"化学 PCK"相比，CPU 这一概念的提出主要有以下优点：首先，该定义以社会建构主义（social constructivist）哲学思想为基础，主张将 CPU 理解为化学教师在面临特定教学情境时所建构的动态性知识，而非储存于教师头脑中的某种静态认知结构。其中的"understanding（理解）"英文词以动名词的形式表达，更接近 Cochran 等人所提的"动态 PCK（即 PCKg）"；并且"理解"比原来的"知识"更能体现教师对学科知识进行内化并转化为教学实践的能动过程。其次，该定义充分体现了 PCK 的化学学科乃至主题专属性，与目前国内外对 PCK 在具体学科主题层次的精致化研究趋势相吻合。CPU 并非"一般 PCK"加"化学"的简单组合，而是充分体现化学学科专属性的一种新型独特的 PCK。再次，该定义涵盖了舒尔曼与马格努森等主流学者大致认可的 6 个 PCK 组分，即学科知识、教学取向、课程知识、学生知识、策略知识、评价知识（详见 1.3～1.7 部分），具有较坚实的理论基础。此外，该定义基于系统论的视角，将 CPU 视为由该 6 个组分子系统共同作用而成的复杂智能系统[3]，该系统思想也与教学设计的系统性具有较高的契合度。最后，CPU 与计算机中央处理器的英文名同词，借此表达其在化学教师所有知识基础中的中央或核心地位。

1.1.2　CPU 的组分界定

PCK 定义取向的差异很大程度影响其组分内涵的界定。国内外学者大致上认可并保留舒尔曼的两大核心 PCK 组分，即如何更有效地向学习者呈现和表征特定学科或主题内容的知识以及关于学习者学习困难的知识。基于相应的定义取向，学者们大多数基于舒尔曼所提出的知识基础逐步细化或扩展 PCK 的组分。以最具代表性的马格努森（Magnusson）等人[4]

---

[1] Cochran K F, DeRuiter J A, King R A. Pedagogical content knowing: An integrative model for teacher preparation [J]. Journal of Teacher Education, 1993, 44（4）: 263-272.

[2] Shulman L S. Re-examining pedagogical content knowledge in science education [M]. New York: Routledge, 2015: 3-13.

[3] 沈睿. 复杂理论视角下对化学教师 PCK 的研究 [D]. 上海: 华东师范大学硕士学位论文, 2012.

[4] Magnusson S, Krajcik J, Borko H. Examining pedagogical content knowledge [M]. New York: Kluwer Academic Publisher, 1999: 95-132.

的观点为例，他们倾向于主张"静态结构观"并将PCK的核心组分划分为教学取向、关于学习者的知识、教学策略知识、课程知识和评价知识。后期有不少研究者也提出应当将学科知识（SMK）纳入PCK的组分中[1]。该组分界定方法也受到我国不少化学教育工作者的关注与认可。譬如，梁永平（2012）主张化学PCK组分需包括关于学生对化学理解的知识、化学教学策略及表征的知识、化学课程知识以及化学学科知识[2]。

基于此并结合CPU的定义可提出CPU主要包括化学学科理解（SMU，subject matter understanding）、化学教学取向（CTO，chemistry teaching orientation）、化学课程知识（KoC，knowledge of curriculum）、化学学情知识（KoL，knowledge of learner）、化学策略知识（KoS，knowledge of strategies）、化学评价知识（KoA，knowledge of assessment）六个核心组分（各组分的内涵详见1.2~1.7部分），其整合关系如图1.1所示。

与已有PCK研究的主流观点相似，CPU并非其六个组分之间的简单加和，而是由每种组分作为子系统有机组织而成的复杂智能系统[3]；六个组分之间存在较紧密联系；CPU的发展离不开各组分的发展及其相互作用。CPU能帮助教师基于对具体化学主题的学科理解，在特定教学取向下，灵活应用化学课程知识、学情知识、策略知识与评价知识进行化学课堂教学设计。

1.1.3 CPU的理论模型

基于上述讨论，不难发现PCK与SMK存在不可分割的联系。相应地，学者们主要提出两类理论模型来阐释二者的关系。第一类理论模型（"转化观"模型，transformative model）主张PCK与SMK为并列关系，即教师以SMK为"反应原料"，将SMK与其他知识共同作用而转化生成PCK，该过程类似于化学反应中物质的反应及转化。国内不少化学教育工作者[4]似乎更支持这类理论模型，他们倾向于认为SMK是独立于PCK之外的知识，指出SMK是教学的基础且在实践中能逐步转化为PCK。然而，第二类模型（"混整观"模型，integrative model）则认为SMK从属于PCK，而PCK则是SMK与其他知识（如策略知识、评价知识等）组分的相互整合或融合（类似于不同化学物质之间无反应发生的物理混合），且一般将SMK视为基础性组分[5]。有学者指出[6]，"混整观"模型似乎受到更多理科教师PCK研究者的青睐，可能原因在于该模型能提供更为广泛的组分知识来呈现教师的知识与技能。然而，"混整观"模型相对缺乏解释能力，原因在于它缺少对SMK、教学法知识与情境知识等如何共同作用形成PCK的关注；"转化观"模型则更能阐明新手教师如何在具

---

[1] Liepertz S, Borowski A. Testing the consensus model: Relationships among physics teachers' professional knowledge, interconnectedness of content structure and student achievement [J]. International Journal of Science Education, 2018, 41 (7): 71-92.
[2] 梁永平. 论化学教师的PCK结构及其建构 [J]. 课程·教材·教法, 2012 (6): 113-119.
[3] 沈睿. 复杂理论视角下对化学教师PCK的研究 [D]. 上海: 华东师范大学硕士学位论文, 2012.
[4] 刘楠. 教育实习中实习生学科教学知识（PCK）的发展及影响因素个案研究 [D]. 长春: 东北师范大学硕士学位论文, 2013.
[5] Veal W R, Makinster J G. Pedagogical content knowledge taxonomies [J]. Electronic Journal of Science Education, 1999, 3 (4): 1-9.
[6] Kind V. Pedagogical content knowledge in science education: Potential and perspectives for progress [J]. Studies in Science Education, 2009, 45 (2): 169-204.

体教学中有机地处理各类知识,并将其转化为与情境最匹配的PCK。

考虑到"混整观"与"转化观"模型各自的优点与局限性,同时结合CPU的动态性与情境性,笔者提出"系统观"模型(systemative model),并以苯分子的结构作为隐喻(metaphor),尝试分别阐释CPU的本质及应用。具体而言,该模型将化学学科理解、化学教学取向、化学课程知识、化学学情知识、化学策略知识、化学评价知识六个核心组分近似看作苯环上的六个碳原子,且六者具有同等重要的地位,CPU则为它们之间的"共轭"作用(见图1.1),即六个碳原子之间形成的离域大π键(苯分子结构简式中的圆圈),这较好地支持了CPU组分之间的系统关联性。考虑到π电子云的流动性特点,可知CPU是一种动态的共轭作用,而非某种独立存在的实体(entity),故该隐喻并不支持"静态结构观"定义取向。

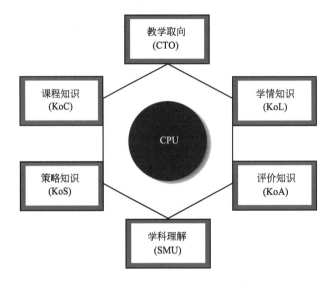

图1.1 化学CPU共轭结构

另外,基于化学家鲍林(Pauling)的共振论,苯分子可视为不同共振结构组成的共振杂化体,这些共振结构在参与共振过程中,它们之间能发生相互变换,单键与双键在不同的碳原子(六个CPU核心组分)之间变换(图1.2)。但由于变换的动态性,任何一个共振结构都不足以反映苯分子的真实结构。因此,该隐喻与CPU的"动态建构观"定义取向是基本吻合的。更重要的是,"共振结构"隐喻还可用于解读已有PCK实证研究中关于各组分之间关联强度大小所存在的争议,以及有助于诠释教师在化学教学设计与实施中如何运用并发展其CPU。

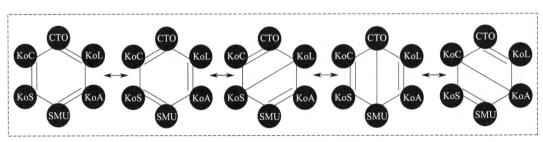

图1.2 化学CPU共振结构

与"混整观"和"转化观"相比,"系统观"具有自身的特点。与"混整观"模型相似,"系统观"模型也强调核心组分的必要性;不同的是,"系统观"模型将 CPU 视为核心组分的"共同作用"而非由它们"混合组成"。与"转化观"模型相似,"系统观"模型也强调 CPU 的动态建构性,但并未将 PCK 视为由核心组分通过"化学反应"后得到"产物"。

 附:PCK 理论研究的进展文献

国内外理科 PCK 理论研究的进展与启示

 课间任务

请与小组同伴一起:
- 讨论 PCK 两种定义取向的优点和不足之处;
- 谈谈对 PCK 和 SMK 之间关系的理解。

1.2 化学学科理解(SMU)

化学学科理解指教师对化学学科知识及其思维方式和方法的一种本原性、结构化的认识[1]。该定义可以从理解的"对象"(即理解什么)与"方式"(即如何理解)两个方面加以解读[2]。

从理解的对象看,它要求教师需要对化学学科内容知识(如关于化学物质的组成、结构、性质、变化规律与应用等知识)及其蕴含或承载的学科思维方式(如"宏观-微观""定性-定量""变化观念")或方法(证据推理、模型认知、科学探究)具有较好的理解。譬如,在高中必修阶段学习"氧化还原反应"时,需要从初中已有的"物质"视角(物质的种类与类别)向"元素"视角(元素的价态)再向"电子"视角(电子的转移)发展,即从"宏观"视角发展至"微观"视角。再如,在选择性必修阶段学习有机物的同分异构现象时,需要在必修阶段的"碳骨架"视角上,拓展与增加"官能团"视角(如醇与醚、二烯烃与炔烃、醛与酮、羧酸与酯等)与"立体"视角(如顺反异构、旋光异构)。这些认识视角就是具有化学学科特质的思维方式或方法。

从理解的方式看,一方面要求教师对化学知识进行"溯本求源"式的深度思考,提炼出学科本原性问题。以"盐类水解"概念为例,是盐把水给解了还是水把盐给解了,所有的盐

---

[1] 中华人民共和国教育部. 普通高中化学课程标准(2017 年版 2020 年修订版)[M]. 北京:人民教育出版社,2020.
[2] 郑长龙. 核心素养导向的化学教学设计[M]. 北京:人民教育出版社,2021.

都能发生水解吗,哪些盐能发生水解,为什么可以发生水解,如何证明发生了水解,为什么酸越弱其盐溶液的碱性越强(如 Na_2CO_3 溶液比 CH_3COONa 溶液的碱性强)等,这些均属于学科本原性问题。

另一方面,要求教师能合理组织化学教学内容,实现知识关联(如"化学平衡""电离平衡""水解平衡"与"沉淀溶解平衡"之间的关联可通过平衡体系特点、平衡常数 K 或转化率、平衡移动的影响因素及规律等共性建立)、认识思路(如从"物质类别"和"元素价态"认识物质及其转化;从碳骨架、官能团、共价键的极性与不饱和性、立体空间等视角认识有机反应与合成)以及核心观念("如结构决定性质""变化观")的结构化。图1.3为笔者在华南师范大学附属中学执教期间引导高二学生共同绘制的关于高中化学选择性必修一第一章内容"化学反应的热效应"的概念架构❶。

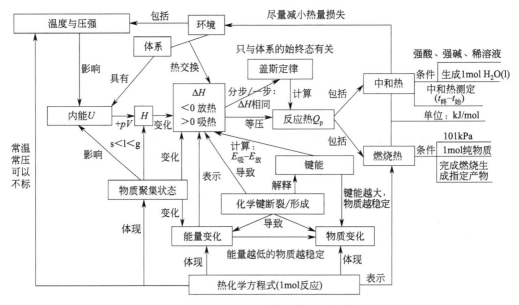

图1.3 "化学反应的热效应"概念架构

除了对特定主题或单元内容进行结构化之外,教师还需对某个课时的化学教学内容架构进行梳理。一般来说,化学教学内容可分为知识-技能类内容、思维-方法类内容以及价值-观念类内容。其中,知识-技能类教学内容包括化学概念、物质结构与性质、反应原理、化学实验、化学计算、化学用语使用技能等;思维-方法类教学内容包括宏微(宏观和微观)结合、动态平衡、定量思维、证据推理、模型认知、科学探究等;价值-观念类教学内容包括社会主义核心价值观、辩证唯物主义思想(如"量变-质变""主要矛盾-次要矛盾""外因-内因"等)、化学基本观念(如微粒观、分类观等)、科学本质观等。

以"二氧化硫的化学性质"这一课时的教学内容为例,其中知识-技能类内容包括二氧化硫的酸性、还原性与漂白性及其用途、可逆反应、酸雨的成分等;思维-方法类内容主要包括证据推理、科学探究、"物质类别"与"元素价态"认识视角等;价值-观念类内容则包括辩证思想(如普遍性与特殊性、矛盾对立统一)、分类观、变化观、绿色观、科学知识的

---

❶ 吴微,邓峰,伍春雨,等.高一学生"氧化还原反应"观念结构的调查研究[J].化学教学,2020(5):29-35.

社会文化嵌入性等。图 1.4 为某师范生小组绘制的关于"二氧化硫的化学性质"课时的教学内容架构图,具体分析过程可参见本书第 3 章。

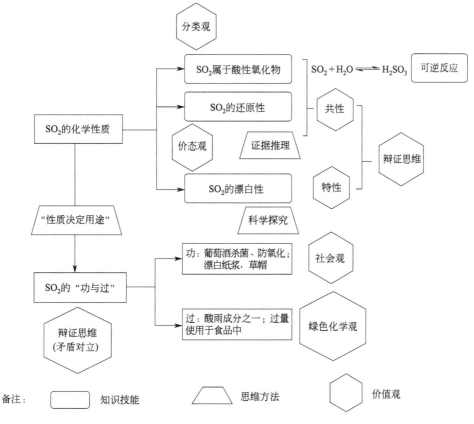

图 1.4 "二氧化硫的化学性质"课时教学内容架构图

化学学科理解不仅是 CPU 的基础组分,还对化学教学设计具有奠基作用。根据化学科学经验传递理论❶,化学教育过程实为将人类获得的化学科学经验传递给学生,并在学生头脑中形成化学科学经验结构的过程;该过程需要经过"课程化""教材化""教师化"与"学生化"四个阶段。其中"教师化"阶段实际为化学教学设计过程,它是一个包含内化、转化与外化三个环节的复杂的能动过程❷。学科理解是"内化环节"的最重要任务,教师需要从学科视角出发,才能更好地在"转化环节"有效选择化学教学内容,从而在"外化环节"驾驭化学教学内容的组织与呈现。

 课间任务

请与小组同伴一起:
▲ 讨论"离子反应"的化学学科理解,提出学科本原性问题;
▲ 尝试画出"离子反应"的概念图。

---

❶ 郑长龙,李艳梅. 论化学科学经验的传递机制 [J]. 化学教育,2007 (9):14.
❷ 郑长龙. 化学学科理解与"素养为本"的化学教学 [J]. 课程·教材·教法,2019,39 (9):120-125.

1.3 化学教学取向（CTO）

受马格努森等学者（1999）观点的启发，化学教学取向（CTO）可定义为教师根据自身的教学经验与理念对化学教学的整体性认识与信念，包括对化学教学目的或目标以及化学教学过程所持的信念。基于 Friedrichsen（2011）的观点，CTO 可包括化学目的观（如"知识掌握""能力培养""素养发展"等）、化学教学过程观（如"教师-传授"与"学生-建构"）以及化学本质观（即化学知识的性质、来源、论证与评价）三个维度。我国学者郑长龙教授将其定义为"对化学教学所秉持的教学理念和价值追求的一种概括"❶。整体而言，CTO 对其他 5 个 CPU 组分起统摄性指导作用，同时其他组分对其也具有"塑造"影响作用。化学教学取向对教学行为或实践具有影响或导向作用。如化学教师是否具有素养取向以及该取向所处水平均会影响其对核心素养教学的设计能力与实施效果。

教学取向是随着时代不断发展的，课程标准作为指导教学的纲领性文件，一定程度上为教师指明正确的教学取向。2017 年高中化学课程改革对教师教学取向提出了新的要求，要求其教学取向实现从"知识取向"到"能力取向"再到"素养取向"的转变（图 1.5）。其中，知识取向的教学强调化学知识的系统化与

图 1.5 化学教学取向的发展

结构化，但较少关注学生学科关键能力的培养；能力取向的教学则在兼顾"双基"的同时注重培养并发展学生的化学科学探究能力；素养取向的化学教学则以发展学生的正确价值观念、必备知识与关键能力为目标，重视在教学过程与真实化学问题解决活动中培养与发展学生的化学核心素养。

具体而言，在进行特定化学主题、课时或单元教学设计时，教师需要思考"我为什么要教这个内容""学生为何要学该内容""该内容具有哪些素养功能""该内容具有哪些育人价值"等与教学取向有关的认识信念类问题，从而对后续的设计提供正确的方向。

📖 课间任务

请与小组同伴一起：
- 🧪 谈谈自己的教学取向；
- 🧪 结合教学实践经验讨论自己对化学学科核心素养的理解。

---

❶ 郑长龙. 核心素养导向的化学教学设计［M］. 北京：人民教育出版社，2021.

1.4 化学课程知识（KoC）

化学课程知识包括关于中学化学课程标准❶❷（简称课标）的知识与关于中学化学教材的知识两部分。前者主要指教师对课程标准中所涵盖的课程性质与基本理念、化学核心素养与化学课程目标、化学课程结构（及其设计依据、学分设置与选课安排，见图1.6）、化学课程内容（必修课程、选择性必修课程、选修课程）、学业质量（内涵、水平及其与考试评价的关系）、化学课程教学实施建议等的较全面的认识。后者则主要指教师对不同学段或不同版本化学教材（教科书）特定主题内容的编排顺序或衔接特点，以及教材内容的呈现特点与栏目设置等方面的综合性理解与认识。总的来说，两者可分别视为化学科学经验传递理论中的"课程化"与"教材化"阶段❸教师必备的知识。

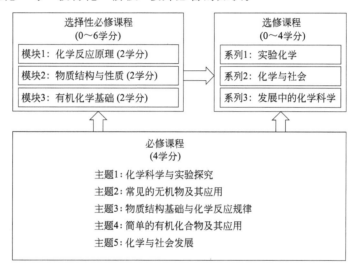

图1.6 高中化学新课程结构

与2003年版的普通高中化学课程标准相比，2017版课标在课程内容方面（以必修课程为例）具有以下四个特色：

第一，以学科核心素养为导向，精选"化学科学与实验探究""常见的无机物及其应用""物质结构基础及化学反应规律""简单的有机化合物及其应用""化学与社会发展"五个主题（见图1.5），并基于其组织课程内容，促进知识的结构化与功能化，从而有助于学生构建认识思路与解决真实情境问题。以"主题2：常见的无机物及其应用"为例，该主题主要承载"宏观辨识与微观探析""证据推理与模型认知""科学探究与创新意识""科学态度与社会责任"等化学核心素养，侧重引导学生从化学的角度理解人与自然的关系，初步形成科学的物质观与合理利用物质的意识，建立物质类别与元素价态等认识视角，并形成系统、动态、微观认识方式，能分析并解决健康、材料、环境、能源等领域关于物质制备、转化与应

---

❶ 中华人民共和国教育部. 普通高中化学课程标准（2017年版2020年修订版）[M]. 北京：人民教育出版社，2020.
❷ 中华人民共和国教育部. 义务教育化学课程标准[M]. 北京：北京师范大学出版社，2022.
❸ 郑长龙，李艳梅. 论化学科学经验的传递机制[J]. 化学教育，2007（9）：14.

用的实际问题❶。

第二，以主题为单位，聚焦学科大概念。每个主题的内容要求的第一条为该主题的大概念，突出具有统摄性的学科核心观念；中间若干条为该主题的重要概念及基本概念或必备知识；最后一条一般为该主题的学生必做实验❷。仍以主题2为例，其内容要求中的"2.1 元素与物质"为该主题的大概念，旨在显化从"物质类别"与"元素价态"两大视角认识物质及其转化关系，尤其强调了元素对于学生认识物质的功能与价值（见图1.7）；"2.2～2.6"则分别从核心元素价态转化的角度认识物质的性质与转化（"2.2 氧化还原反应"），从微粒（离子）及其相互作用的角度认识物质在水溶液中的行为与转化（"2.3 电离与离子反应"），从物质类别的角度认识物质的性质与应用（"2.4 金属及其化合物"与"2.5 非金属及其化合物"），从物质转化的角度认识物质性质在解决真实问题中的作用（"2.6 物质性质及物质转化的价值"）；"2.7 学生必做实验"部分则包括三个能体现该主题大概念的重要实验（即"铁及其化合物的性质""不同价态含硫物质的转化"与"用化学沉淀法去除粗盐中的杂质离子"）。

> **主题2：常见的无机物及其应用**
>
> 【内容要求】
> **2.1 元素与物质**
> 认识元素可以组成不同种类的物质，根据物质的组成和性质可以对物质进行分类；同类物质具有相似的性质，一定条件下各类物质可以相互转化；认识元素在物质中可以具有不同价态，可通过氧化还原反应实现含有不同价态同种元素的物质的相互转化。认识胶体是一种常见的分散系。

图1.7 必修课程主题2的大概念

第三，每个主题均明确"内容要求"与"学业要求"，前者规定的学习内容是化学核心素养形成的载体，内容要求的深度与广度与学业质量水平要求相契合，且属于输入性要求（如"认识酸、碱、盐等电解质在水溶液或熔融状态下能发生电离"）；后者则依据学业质量标准的水平和内容要求编写，为输出性要求（如"能用电离方程式表示某些酸、碱、盐的电离"）。

第四，每个主题均设置"教学提示"栏目，为主题教学提供相应的教学策略、学习活动建议与情境素材建议。其中教学策略与化学核心素养的落实具有密切的联系❸。譬如，主题2中"重视开展高水平的实验探究活动"这一教学策略有助于培养学生的"科学探究与创新意识"素养。学习活动建议（包括"实验及探究活动"与"调查与交流讨论"）与情境素材建议则为具体主题教学提供有益的实施建议，并具有较强的可操作性与真实性，为以素养为本的教学提供了良好的教学资源保障。例如，教师可基于主题2中的"探究溶液中离子反应

---

❶ 罗滨，支瑶. 新版课程标准解析与教学指导［M］. 北京：北京师范大学出版社，2019.
❷ 房喻，徐端钧. 普通高中化学课程标准（2017年版）解读［M］. 北京：高等教育出版社，2018.
❸ 郑长龙. 核心素养导向的化学教学设计［M］. 北京：人民教育出版社，2021.

的实质及发生条件（测定电流或溶液电导率的变化）"这一活动建议，在教学中使用手持技术（含数据采集器、电导率传感器与计算机），学生通过观察电导率曲线的变化分析溶液反应前后离子浓度的变化，从而落实"宏观辨识与微观探析"素养的教学。再如，主题2中的"菠菜中铁元素的检验"这一情境素材建议不仅可用于突显物质类别与元素价态两种认识无机化合物的视角，尤其还可用于设计探究活动，通过变量控制排除干扰，从而更好地实现"科学探究"素养的落实。

除了对课标有较好的认识，教师还需要发展对化学教材（教科书）的整体框架与内容进阶、编排特点以及化学教材与课标的对应关系等方面的理解。例如，人教版初中化学教科书（2012年版）关于"化学变化"（或"化学反应"）主题的内容编排，体现了对学生物质化学变化观的逐步建构与发展过程：判断化学变化（第1单元）→基于文字表达式从宏观现象与反应条件认识化学反应（第2单元）→从宏观与微观（分子、原子）相结合的视角认识化学变化（第3单元）→基于化学方程式从定性与定量的角度认识化学变化（第5单元）→化学反应中的能量变化及其价值（第7单元）→基于物质种类与类别判断化学反应的类型（第8、10、11单元）。在此基础上，高中必修教科书第1册第1章中进阶至从有无离子参加以及有无电子转移（或有无化合价变化）等视角认识化学反应的类型，并在其他章节中侧重从物质类别与元素价态两个视角认识物质性质与转化及其价值。随后，高中选择性必修1《化学反应原理》第1章"化学反应的热效应"增加从定量与微观的视角认识化学反应中能量变化的规律；第2章"化学反应速率与化学平衡"进而补充"历程""快慢""限度""方向"与"调控"五个认识化学反应的视角；第3章"水溶液中的离子反应与平衡"则基于化学平衡探讨简单与复杂水溶液体系中的平衡规律，尤其进一步深化对离子反应本质的认识；第4章"化学反应与电能"继续基于水溶液体系发展学生对"氧化还原反应"（电子得失或放电）与"物质变化-能量变化"（化学能与电能相互转化、利用电解制备物质）关系的理解等。上述不同学段内容的编排较好地体现了从初中到高中关于化学反应的认识进阶。

除了对跨学段内容的框架性认识外，教师还需要对某学段特定章节或单元的教材内容有整体把握，而化学教材中的目录（图1.8）、章引言（图1.9）以及单元小结或章末总结（图1.10）等均提供有益的思考方向。

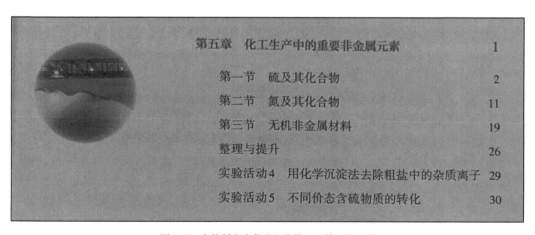

图1.8 人教版高中化学必修第二册第5章目录

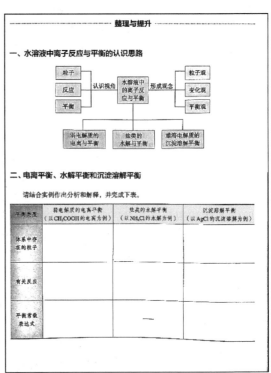

图 1.9　人教版高中化学必修第一册第 1 章的章引言　　图 1.10　人教版高中化学选择性必修 1 第 3 章的章末总结

另外，教师需要对特定主题或核心概念在化学教材中的编排特点有较好的认识。例如，初中化学教科书中主要采用分散与集中两种方式编排与呈现"化学反应中的能量变化"这一主题内容。一方面，不少单元通过化学实验伴随的发光或放热现象让学生感知化学反应中能量变化有多种形式；另一方面，集中在第 7 单元"燃料及其应用"引导学生充分认识化学燃烧等放热反应对人类社会的价值。类似地，高中化学必修教科书对"氧化还原反应"主题的编排则呈现先集中再分散的特点。具体表现在，人教版高中化学必修第一册（2019 年版）第 1 章第 3 节先介绍氧化还原反应的定义、特征与本质；然后第 2 章（钠及其化合物、氯及其化合物）、第 3 章（铁及其化合物）、第 5 章（硫及其化合物、氮及其化合物）通过相关的氧化还原反应方程式（包括化学方程式与离子方程式），分散式地帮助学生巩固基于价态视角判断、解释与预测物质转化的意识。

再者，关于化学教材的知识还要求教师熟悉化学教材与课标的对应关系。例如，人教版高中化学选择性必修 3 第 1 章"有机化合物的结构特点与研究方法"中的第一节"有机化合物的结构特点"对应课标模块 3"有机化学基础"的"主题 1：有机化合物的组成与结构"中的"认识有机化合物的分子结构决定于原子间的连接顺序、成键方式和空间排布，认识有机化合物存在构造异构和立体异构等同分异构现象"（主题 1.1）与"认识官能团的种类（碳碳双键、碳碳三键、羟基、氨基、碳卤键、醛基、酮羰基、羧基、酯基和酰胺基），从官能团的视角认识有机化合物的分类"（主题 1.2）。第二节"研究有机化合物的一般方法"则主要对应"主题 1.1：有机化合物的分子结构"中的"认识红外光谱、核磁共振等现代仪器分析方法在有机化合物分子结构测定中的应用"。

此外，有兴趣和精力的教师还可以阅读新旧版本或不同版本（如人教版、鲁科版与苏教版）的化学教材，体会各种版本教材编排的特色及可能存在的局限性，以更好地在教学中"用教材教"（teaching with the textbook）而非"教教材"（teaching the textbook），促进化学科学经验传递中"教材化"阶段❶的落实，以更有效地适应不同兴趣与能力学习者的需要。

 课间任务

请与小组同伴一起：
🧪 就"离子反应"主题进行课标分析，找出其内容要求、学业要求、学习活动建议、情境素材建议等内容；
🧪 对"离子反应"主题进行教材分析，分析其在教材体系中的地位等。

1.5 化学学情知识（KoL）

化学学情知识指教师关于学生学习某一化学教学主题内容（即前述的三类教学内容）时的已有基础、发展需求与困难障碍三个方面的知识。其中，已有基础指学生已掌握的化学知识或技能，已有的学科思维方式或方法，已具备的学科能力及水平，以及已有的化学价值观念等。发展需求是指学生通过学习"应该能"做到的事或达到的素养水平，其对应的是课程标准中的"学业要求"或"学业质量水平"。困难障碍则指学生在对主题学习时可能存在的迷思概念、在认识方式或学科观念水平上的不足等。

以初中化学"水溶液"主题为例，学生在学习"溶液"这一单元之前，关于水溶液的已有认识可能包括"某些物质能溶解在水中，某些物质则不能，物质溶解在水中则形成溶液"以及"某些物质比其他物质更易在水中溶解"等（已有基础）。同时，可能有学生倾向于从整体而非从组分理解溶液，即盐水就是盐水，甚至会持有"盐水是由盐水分子构成的纯净物"的迷思概念，从而甚少去考虑溶液组分之间的数量或比例关系（困难障碍）。"溶液"这一单元要求学生通过对"溶质"与"溶剂"的学习，建立"溶液的组成"这一认识视角；同时通过对"溶质的质量分数"与"溶解度"的学习，对溶液组成的认识能从定性水平发展至定量水平——能同时关注组成溶液的物质种类以及各组分的比例关系，尤其能认识到物质的溶解是有"限度"的，且该限度可以用溶质与溶剂的质量比来表示❷。在此基础上，学生需要进一步认识到可依据定量关系对溶液组分的质量进行调控，以得到特定浓度的溶液（发展需求）。

再如，学生在学习高中化学必修"离子反应"主题之前，已经学习了酸、碱、盐之间的反应，同时能基于某些酸、碱、盐的代表物，从宏观视角相对孤立地分析酸、碱、盐在水溶液中的行为及其之间的反应（已有基础）。高中必修阶段则要求学生能建立电离、电解质等重要概念，并能应用这些概念对物质进行分类，建立从微观角度分析电解质在水溶液中行为

---
❶ 郑长龙，李艳梅.论化学科学经验的传递机制［J］.化学教育，2007（9）：14.
❷ 罗滨.初中化学教学关键问题指导［M］.北京：高等教育出版社，2019.

的思路，尤其能发展宏观与微观相结合、定性与定量相结合的认识视角（发展需求）。然而，学生在学习前可能存在以下困难障碍：并不清楚哪些物质能产生离子以及如何产生离子；甚少有意识或能够从微观的角度分析酸、碱、盐的行为及其之间的反应；缺乏从定量的角度分析离子浓度的可能变化等❶。

另外，也可以基于不同类型的教学内容理解化学学情知识的含义。人教版高中化学必修第一册教材第 1 章第 3 节"氧化还原反应"（第 1 课时）内容的学情知识可参考表 1.1～表 1.3。

表 1.1　高一学生"氧化还原反应"学习的已有基础

知识-技能类内容	思维-方法类内容	价值-观念类内容
●知道氧化反应和还原反应的概念； ●知道常见元素的化合价和会画原子结构示意图； ●已学四大基本反应类型	●已形成初步的宏微结合的思维，并具备一定的归纳和分析问题的能力； ●已掌握某些表示微粒组成和物质分类的方法； ●已经懂得从物质的种类及其数目、物质的类别的角度判断化学反应的类型(物质视角)； ●知道能从得失氧的角度判断氧化或还原反应(具有初步的元素视角)	●已初步形成分类观(如物质/反应分类)； ●具备初步的元素观与微粒观； ●能知道氧化反应(如燃烧)对生活或生产的价值

表 1.2　高一学生"氧化还原反应"学习的发展需求

知识-技能类内容	思维-方法类内容	价值-观念类内容
●能结合实例书写氧化还原反应的化学方程式； ●能知道常见的氧化剂与还原剂，并能结合化合价的升降判断	●能利用氧化还原反应概念对常见的反应进行分类和分析说明； ●能从电子转移的微观视角认识氧化还原反应的本质； ●能建构氧化还原反应的认识模型	●逐步完善分类观、元素观、微粒观与变化观(电子守恒)； ●形成"对立统一"的辩证观； ●运用氧化还原反应知识解释生活、生产中有关问题

表 1.3　高一学生"氧化还原反应"学习的困难障碍

知识-技能类内容	思维-方法类内容	价值-观念类内容
●误认为氧化反应都需要氧气参加，且生成物都是氧化物； ●未能将化合价变化与电子转移联系起来，如误认为得电子化合价升高	●宏观-微观相结合的思维水平可能不足； ●未清楚化学反应的认识视角或主要停留在物质视角； ●缺乏从元素价态视角（可能只想到元素守恒）分析反应过程涉及的"变化"； ●未清楚初中所学"得失氧"中的"氧"指代是元素还是原子	●元素观认识不全面； ●变化观中的"守恒"思想由元素/原子守恒到电子得失守恒； ●辩证观水平低； ●对氧化还原反应的学科价值与社会价值认识不足

课间任务

请与小组同伴一起：
🧪 讨论学生学习"离子反应"的已有基础、发展需求、困难障碍。

---

❶　房喻，徐端钧. 普通高中化学课程标准（2017 年版）解读［M］. 北京：高等教育出版社，2018.

1.6 化学策略知识（KoS）

化学策略知识是指教师关于特定化学主题内容的教学策略及表征的知识。使用教学策略的目的在于将学科知识转化为学生易于理解的表达方式，这个转化过程是教师对其学科知识、学生对于特定课题的理解以及化学课程知识的融合[1]。

按照教学策略对于学生完成化学学习任务所起作用的重要程度，可将其分为起关键作用的核心教学策略（如"演示实验策略"与"模型建构策略"）与起辅助作用的一般教学策略（如直答型教学行为策略、即时性评价策略）两种，其中核心教学策略（一般在课标"教学提示"部分可找到）更有助于学生的学科认识或化学核心素养的落实[2]。

例如，课标中必修课程"主题3：物质结构基础与化学反应规律"中的"教学中应注重运用实验事实、数据等证据素材，帮助学生转变偏差认识"这一核心教学策略有利于帮助学生形成证据意识，并发展其模型认知素养。再如，课标中选择性必修2课程"主题1：原子结构与元素性质"中的"注重帮助学生建立基于'位''构''性'关系的系统思维框架，提高学生分析和解决问题的能力"，该核心教学策略紧扣"结构决定性质"这一学科思想，对"位-构-性"模型的建构活动有助于学生更好地认识思维建模对于化学问题解决的重要性。因此，教师在选择或确定核心教学策略时，需要对化学教学内容的素养功能或学科认识价值具有较清晰的理解。

另外，教学策略按照其学科或主题的专属性程度可分为学科/主题通用型策略与学科/主题专属型策略。学科/主题通用型策略指非化学学科专属，在其他学科中同样适用的教学策略（见图1.11）。

具有代表性的学科/主题通用策略包括常用于概念原理类或物质性质教学的策略（如概念转变策略、POE策略）、用于探究方法过程教学的策略（如科学探究策略、问题解决策略、模型建构策略、科学论证策略）、用于思维类教学的策略（如类比迁移策略、元认知策略），以及用于促进自主或合作学习的策略（翻转课堂策略、移动学习策略、合作学习策略）等。以科学探究策略为例，该策略强调在化学教学中使用探究式教学方法引导学生主动获取与建构知识，其主要目的在于培养学生的创新精神和实践能力。如图1.12所示，在"浓盐酸与次氯酸钠溶液的反应"[3]内容的微格教学设计中，主要应用科学探究策略，将科学探究的环节与课堂环节设计相结合，强调在真实情境中发现问题，应用已有知识进行实验方案设计和理论分析，由此培养学生的探究能力。值得注意的是，教师在选择这些通用型策略时需要考虑其能否有助于发展学生的化学核心素养。例如，对模型建构策略、类比迁移策略、科学论证策略的整合使用可能有助于在教学中落实"证据推理与模型认知"素养；科学探究策略与问题解决策略似乎更适用于发展"科学探究与创新意识"素养。

学科/主题专属型策略则指较具化学学科特色并主要适用于化学教学的策略，如"宏观-微观-符号"三重表征策略、微观模拟策略即充分体现了化学学科从原子、分子水平上研究

---

[1] 梁永平. 论化学教师的PCK结构及其建构[J]. 课程·教材·教法, 2012, 32 (06): 113-119.
[2] 郑长龙. 核心素养导向的化学教学设计[M]. 北京: 人民教育出版社, 2021.
[3] 第7届广东省本科高校师范生教学技能大赛一等奖作品, 作者为2016级化学师范专业本科生胡润泽.

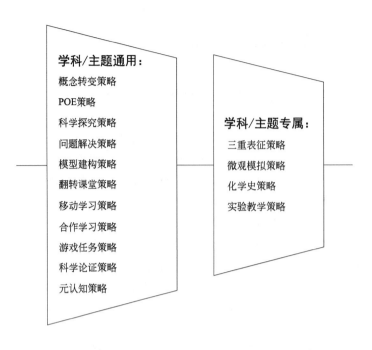

图1.11 化学课堂教学策略的分类

物质性质的学科特点，特别适用于发展学生的"宏观辨识与微观探析"素养；实验教学策略即体现了"化学是一门以实验为基础的科学"这一思想，可用于发展"证据推理与模型认知"和"科学探究与创新意识"素养。

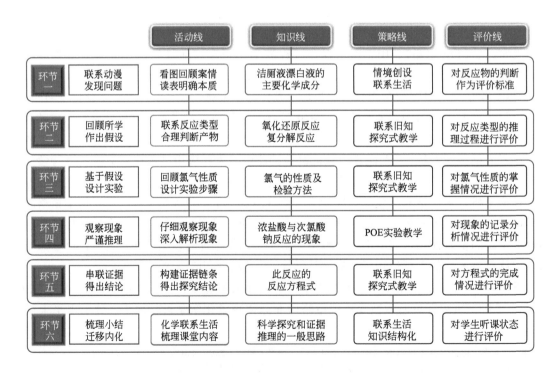

图1.12 "浓盐酸与次氯酸钠溶液的反应"教学流程图

> **课间任务**
>
> 请与小组同伴一起：
> 🧪 谈谈你所知道的常用的教学策略；
> 🧪 讨论每种教学策略的优点和适用情况。

1.7 化学评价知识（KoA）

化学评价知识包括评价内容和评价方法两部分知识，即回答"评价什么"和"怎么评价"这两个问题。由于化学学习评价的目的在于对教学目标达成情况即教学效果进行检查，故评价内容必须紧扣教学目标（如化学核心素养）。实施评价时可从化学必备知识、学科关键能力、价值观念等方面的进阶水平进行综合考核，尤其可以考虑课标中的学业要求（图1.13）、学业质量水平（图1.14）、素养水平（图1.15）等作为具体评价内容的参考指标。

【学业要求】

1. 能辨识化学反应中的能量转化形式，能解释化学反应中能量变化的本质。

2. 能进行反应焓变的简单计算，能用热化学方程式表示反应中的能量变化，能运用反应焓变合理选择和利用化学反应。

3. 能分析、解释原电池和电解池的工作原理，能设计简单的原电池和电解池。

4. 能列举常见的化学电源，并能利用相关信息分析化学电源的工作原理。能利用电化学原理解释金属腐蚀现象，选择并设计防腐措施。

5. 能举例说明化学在解决能源危机中的重要作用，能分析能源的利用对自然环境和社会发展的影响。能综合考虑化学变化中的物质变化和能量变化来分析、解决实际问题，如煤炭的综合利用、新型电池的开发等。

图1.13 高中化学课标的"学业要求"

其中，"学业要求"较具体地指明相应主题的素养能力表现，它也是学业质量标准在课程内容主题层面的具体化，因此更有助于教师落实教-学-评一体化。譬如，学业要求中的动词表达了学生需完成的不同类型的活动任务——认知性活动任务（如"列举""描述""辨

水平	质量描述
1	1-1 能根据物质组成和性质对物质进行分类，形成物质是由元素组成和化学变化中元素不变的观点；能运用原子结构模型说明典型金属和非金属元素的性质；能对常见物质（包括简单的有机化合物）及其变化进行描述和符号表征；能认识离子反应和氧化还原反应的本质，能结合实例书写离子方程式和氧化还原反应方程式；能说明常见物质的性质与应用的关系。 1-2 认识化学变化是有条件的，能说明化学变化中的质量关系和能量转化，能从物质的组成、构成微粒、主要性质等方面解释或说明化学变化的本质特征；认识物质的量在化学定量研究中的重要作用，能结合实验或生产、生活中的实际数据，并应用物质的量计算物质的组成和物质转化过程中的质量关系。 1-3 能依据化学问题解决的需要，选择常见的实验仪器、装置和试剂，完成简单的物质性质、物质制备、物质检验等实验；能与同伴合作进行实验探究，如实观察、记录实验现象，能根据实验现象形成初步结论。 1-4 具有安全意识，能将化学知识与生产、生活实际结合，能主动关心并参与有关的社会性议题的讨论，赞赏化学对人类生活和生产所做的贡献；能运用所学的化学知识和方法分析讨论生产、生活中简单的化学问题（如酸雨防治、环境保护、食品安全等），认识化学科学对社会可持续发展的贡献。

图 1.14 高中化学课标的"学业质量水平"（片段）

素养水平	素养 1 宏观辨识与微观探析
水平 1	能根据实验现象辨识物质及其反应，能运用化学符号描述常见简单物质及其变化，能从物质的宏观特征入手对物质及其反应进行分类和表征，能联系物质的组成和结构解释宏观现象。
水平 2	能根据实验现象归纳物质及其反应的类型，能运用微粒结构图式描述物质及其变化的过程，能从物质的微观结构说明同类物质的共性和不同类物质性质差异及其原因，解释同类的不同物质性质变化的规律。
水平 3	能从原子、分子水平分析常见物质及其反应的微观特征，能运用化学符号和定量计算等手段说明物质的组成及其变化，能分析物质化学变化和伴随发生的能量转化与物质微观结构之间的关系。
水平 4	能依据物质的微观结构，描述或预测物质的性质和在一定条件下可能发生的化学变化，能评估某种解释或预测的合理性；能从宏观与微观结合的视角对物质及其变化进行分类和表征。

图 1.15 高中化学课标的"化学核心素养"（片段）

识""解释""预测""证明"等）与实践性活动任务（如设计实验方案、参与社会性议题的讨论等）。另外，学业要求也说明了具体的素养能力的水平进阶要求[1]——如主题 2 的学业要求 1 和 2 属于对基本概念和具体知识的辨识记忆、概括关联等较低能力水平的要求（如

---

[1] 罗滨，支瑶. 新版课程标准解析与教学指导［M］. 北京：北京师范大学出版社，2019.

"能举例说明胶体的典型特征""能利用电离、离子反应、氧化还原反应等概念对常见的反应进行分类和分析说明");学业要求3和4属于对基本概念和具体知识的分析解释、说明论证及简单设计等中等能力水平的要求(如"能从物质类别、元素价态的角度,依据复分解反应和氧化还原反应原理,预测物质的化学性质和变化,设计实验进行初步验证,并能分析、解释有关实验现象""能利用典型代表物的性质和反应,设计常见物质制备、分离、提纯、检验等简单任务的方案");学业要求5和6属于对基本概念和具体知识的综合问题解决与复杂探究等较高能力水平的要求[如"能根据物质的性质分析实验室、生产、生活及环境中的某些常见问题,说明妥善保存、合理使用化学品的常用方法""能有意识运用所学的知识或寻求相关证据参与社会性议题的讨论(如酸雨和雾霾防治、水体保护、食品安全等)"]。

考虑到评价内容为化学核心素养,相应地,评价方法或方式应有助于考查学生学科核心素养水平。因此,课标中倡导教师需要树立"素养为本"的化学评价观,紧密围绕化学学业质量标准(见图1.14)与学科核心素养的发展水平(见图1.15),注重结果性评价与过程性评价相结合,灵活运用纸笔测验、活动表现和学习档案袋等多样化的评价方式,倡导教师评价、学生个人自评、同伴互评有机结合,充分发挥评价促进学生化学核心素养全面发展的功能❶。

纸笔测验是化学教学实践中较为常用的一种评价方法。根据测验参照标准的不同,它可分为目标参照测验与常模参照测验两类。目标参照测验在平时教学中较常用,它一般以具体教学目标为标准,用以检查学生达到的教学程度,如一般的测验摸底考试、期中与期末考试等。由于这种测验主要参照一定标准来评定学生是否合格,故一般不存在考生之间的竞争问题。常模参照测验(如化学学业水平考试等升学考试)一般以团体的平均分为标准,该类考试通常用于评定学生在所处团体中的相对位置,具有筛选和选拔功能。活动表现是一种通过观察学生在完成实际化学学习任务或认知活动时的行为表现来评定其化学学业成就的评价方法,具有全面性、真实性与过程性等特点❷。学习档案袋是指评价者(可以是化学教师或学生本人)根据档案袋中的材料(见图1.16),对学生化学学习的过程与结果所进行的一种追踪性评价,该方法有助于学生反思自己的学习过程与进展。

此外,提问与点评、练习与作业、复习与考试等都是有效开展化学日常学习评价的常用方法❸。为了更加充分体现素养为本的评价观,课堂提问的设计应有意识地关注学生化学核心素养的达成情况。例如,在从甲烷的氧化反应内容过渡到甲烷与氯气的取代反应时,可提问"点燃提供热能使甲烷分子中的C—H断裂,那么其他形式的能量如光能是否也能起到相似的作用?",这一问题的设计具有较好的素养诊断与发展功能,如有助于诊断学生是否从宏观与微观相结合、物质与能量相结合的视角,认识反应条件或外界能量与化学键断裂之间的关系这一学科本原问题,同时有助于促进学生"创新意识"素养的发展。类似地,课堂点评也应以发展学生化学核心素养为导向。譬如,教师可以在"盐类的水解"内容学习结束时让学生总结盐溶液酸碱性的分析思路再加以点评,进一步外显学生的思维过程,从素养发展的角度给予指导。对于仅能通过背记口诀(如"谁强显谁性")判断的学生,教师应引导其进一步提升到微观层面,并能结合"物质类别→微粒种类→微粒间相互作用→微粒的数目→物质性质"认识水溶液中的离子反应与平衡问题,从而促进其"宏观辨识与微观探析"素养的发展。

---

❶ 中华人民共和国教育部. 普通高中化学课程标准(2017年版2020年修订版)[M]. 北京:人民教育出版社,2020.
❷ 郑长龙,等. 化学课程与教学论(第二版)[M]. 长春:东北师范大学出版社,2018.
❸ 法浩,庄启亚. 高中化学学习档案袋评价[J]. 教育测量与评价(理论版),2016(02):48-51,64.

班级		姓名		档案内容	专题_____第_____单元	评价人(身份)	
学习过程	评价标准					评价等第	评语、意见或建议
新课学习	各种学习材料完成情况良好，内容充实具体，清晰展示学习过程及成果。重点、难点、疑点解析落实到位，积极参加小组合作学习并分担一定任务。书写认真、工整、规范(以下每项均含有此要求)					ABCD	
习题巩固	作业及习题收集完整，全批全改，认真订正并分析错因，主动收集同类题型加强巩固并构建解题模型，及时整理错题集，主动与教师和同学进行交流沟通					ABCD	
复习提炼	明确课程标准和学测、高考考试说明的具体要求，全面整理本专题所学知识的重难点且建立良好的逻辑关系，能绘制合理的思维导图，有效整理典型题集，理解并形成与本专题相关的化学基本观念和思想，正确表达对本专题学习的情感态度					ABCD	
实验探究	实验报告内容全面，现象及结论真实，探究活动环节完整，问题有价值、有可探究性，假设及解决方案合理，逻辑严密且有创新，论证过程可控可靠，结论科学正确。实验探究过程能积极与同学合作，交流及时有效。能很好地体验严谨求实的科学态度，体会化学实验的重要价值，感受科学探究的一般方法					ABCD	
课外拓展	完整展示所参加活动材料和成果，内容正确且有深度。调查研究的化学问题有可探究性且与社会密切联系，调查报告内容真实、结论科学、建议合理。论文观点正确、论述合理、表达精炼。能很好地体现化学学习的意义价值，传播化学正能量					ABCD	
对学习过程的自我反思评价							
(教师或同学)对学习过程的评价和建议							
对学习过程的综合评价结论(选填A、B、C、D)							
说明：(1) "评价等第"中 A、B、C、D 分别代表优秀、良好、合格、不合格 ② 自我、同学、家长及教师评价均可使用本表进行，需在评价人栏注明身份							

图 1.16 学习档案袋示例❶

课堂练习与课后作业对于诊断与发展学生的化学核心素养同样起着十分重要的作用。课标要求教师应依据特定化学内容主题的学业要求，精心编制或挑选课堂练习和课后作业题目。例如鲁科版化学教师用书对教科书的习题从化学学科能力的角度进行水平编码（图1.17），对教师设计或筛选题目很有启发性。单元或模块复习可结合课标中的内容要求，围绕化学大概念或核心观念来进行，通过提问或绘制概念图策略等评价方法诊断学生化学核心概念和观念的结构化水平，即化学概念架构❷。对于已经达到"知识关联"水平的学生（见图1.18），教师需要引导其进一步概括认识思路，如电化学认识模型❸（见图1.19）。

学习表现指标	学习表现指标描述	题目序号
A1 辨识记忆	知道物质的量、摩尔质量、气体摩尔质量、物质的量浓度等物理量的符号、单位	1
A2 概括关联	能建立物质的量、摩尔质量、质量、气体摩尔体积、物质的量浓度等物理量的关联	1, 2, 3
A3 说明论证	能对物质的量、质量、摩尔质量的关系进行说明论证；能说明溶质的质量分数与物质的量浓度之间的定量关系；能对阿伏伽德罗定律进行说明论证	4
B1 分析解释	能分析定量表示化学反应物质变化的各物理量之间的关系；能定量分析物质的组成；能定量分析化学反应中的物质变化	5
B2 推论预测	能进行物质的量及相关物理量的间接计算[如根据气体体积（STP）求原子个数、原子核内微粒个数等]；能进行化学方程式的简单计算	6, 7, 8, 9
B3 简单设计	能设计实验配制一定物质的量浓度的溶液（如硫酸、硼酸溶液等）	10

图 1.17 基于化学学科能力的习题编码

---

❶ 中华人民共和国教育部. 普通高中化学课程标准（2017年版2020年修订版）[M]. 北京：人民教育出版社，2020.
❷ 吴微，邓峰，伍春雨，等. 高一学生"氧化还原反应"观念结构的调查研究[J]. 化学教学，2020（5）：29-35.
❸ 罗滨，支瑶. 新版课程标准解析与教学指导[M]. 北京：北京师范大学出版社，2019.

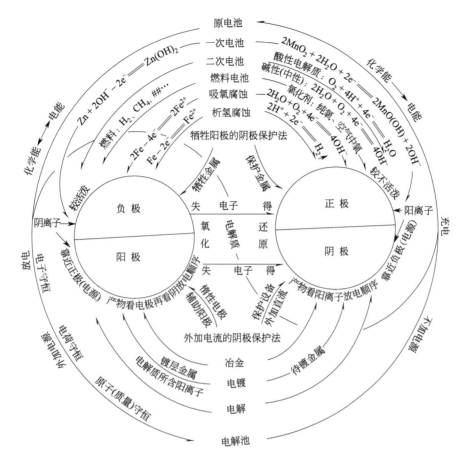

图 1.18 某高二学生绘制的"电化学"概念图

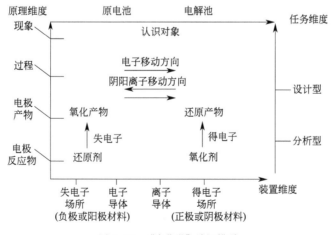

图 1.19 "电化学"认识模型

此外，单元与模块考试题目的命制可参考以化学核心素养为导向的命题框架（见图 1.20）。例如，以核心素养为宗旨，结合学业质量标准提炼与确定试题的测试目标；试题应以真实情境为测试载体，并以解决实际问题为任务；应基于命题宗旨和目标、测试任务与情境需要，系统梳理解决问题所需的化学知识与方法。

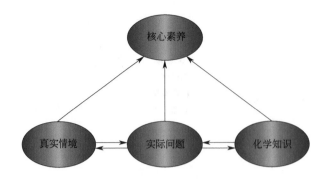

图 1.20 以化学核心素养为导向的命题框架

 课间任务

请与小组同伴一起：
- 谈谈自己的评价目的观和常用的评价方法；
- 讨论每种评价方法的优点和不足。

 要点回顾

- CPU 是教师在理解化学课程与具体学情的基础上，结合具体教学情境设计并运用有助于学生理解特定化学主题的各种教学表征与评价，以达到特定教学取向的一种具有建构性、动态性与系统性理解。
- CPU 主要包括化学学科理解（SMU）、化学教学取向（CTO）、化学课程知识（KoC）、化学学情知识（KoL）、化学策略知识（KoS）、化学评价知识（KoA）六个核心组分；六个组分之间相互整合，提出"系统观"模型。
- 化学学科理解（SMU）指教师对化学学科知识及其思维方式和方法的一种本原性、结构化的认识。理解的"对象"是化学学科内容知识及其蕴含或承载的学科思维方式或方法；理解的"方式"是对化学知识溯本求源，以及实现知识关联、认识思路、核心观念的结构化。
- 化学教学取向（CTO）是指教师根据自身的教学经验与理念对化学教学的整体性认识与信念，包括对化学教学目的或目标以及化学教学过程所持的信念。
- 化学课程知识（KoC）包括关于中学化学课程标准的知识与关于中学化学教材的知识。
- 化学学情知识（KoL）指关于学生学习的已有基础、发展需求与困难障碍的知识。
- 化学策略知识（KoS）指关于特定化学主题内容的教学策略及表征的知识。
- 化学评价知识（KoA）包括评价内容和评价方法的知识。

思考拓展

查阅资料，谈谈 CPU 理论与 PCK 理论的关系。

反思活动

第 2 章 CPU 系统设计

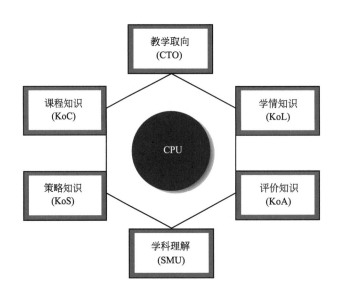

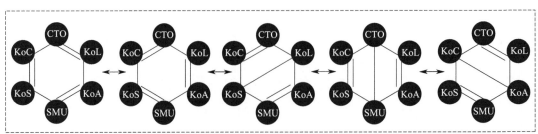

本章导读

在第 1 章已经学习了化学教学理解（CPU）理论，本章将据此进一步学习用于化学教学设计的核心理论——CPU 系统设计模式。

本章首先回顾梳理国内外（化学）教学系统理论与几种较具代表性的（化学）教学设计模式，并在归纳这些主流模式共性与局限性的基础上提出 CPU 系统设计模式，同时对模式的"任务分析""策略设计"与"参数提炼"三个子系统及其构成要素的含义与依据进行简要阐述，为后续设计篇的学习奠定理论基础。

学习目标

- 能描述化学课堂教学板块理论的内涵;
- 能理解化学课堂教学板块的四个要素,并描述它们的内涵;
- 能举例说明化学教学板块的几种衔接方式;
- 能基于板块理论初步划分某一课时化学主题的课堂教学。

课前头脑风暴

- 请谈谈你对"板块"的认识。

- 你在进行教学设计时,会从哪些方面来设计教学过程?请说明理由。

2.1 化学教学系统理论

作为 20 世纪后半叶兴起的最重要的理论思想之一，系统论（system theory）渗透和影响了现代社会中的政治、经济、军事、科学、文化、教育等各个领域，并为解决各领域中的复杂问题奠定了方法论基础。该理论最早可追溯至 20 世纪 20—30 年代，并以奥地利生物学家贝塔朗菲（Bertallanffy）提出的"机体论"为雏形，继而在其所著的《一般系统论：基础、发展与应用》得以发展。有人认为系统论是继相对论和量子力学后"思想领域大变动"的重要标志，并对马克思主义辩证唯物主义论思想具有巨大的推动作用。简言之，系统论是一门运用逻辑和数学的方法研究一般系统运动规律的理论，主要从系统的角度揭示了事物与对象之间相互联系、相互作用的共同本质与内在规律性。它也可被看作是一门研究一般系统模式、原则和规律，并对其功能进行数字描述的科学，其主要任务在于研究系统整体与各组成部分（或要素）之间的关系，以达到最佳目标。

基于系统论的视角，"教学"是一个由教师、学生、教学内容、教学媒体、教学策略、教学评价、教学情境等若干相互联系的要素有机结合形成的具有某种教学功能的系统综合体，即"教学系统"。教学系统一般至少包括教与学两个要素，且二者均可视为两个紧密联系并相互作用的子系统[1]，并由不同的要素构成（具体形式如图 2.1 所示）。譬如，"教"这个子系统可涵盖教师、教学目标、教学内容、教学方法、教学媒体、教学信息等要素，这些要素之间的相互联系与作用则形成不同的教学过程结构，相应地会产生不同的教学功能。"学"这个子系统可包括学生、学习信息、已有学习基础、学习困难或障碍、学习风格、习得知识等要素，这些要素的相互联系与作用则形成不同的学习过程结构，相应地引发不同的学习效果。教学设计的主要任务可理解为教师需基于教学目标（即预期的学习效果），设计不同的教学过程结构，以最优化方式促进学生的学习过程。

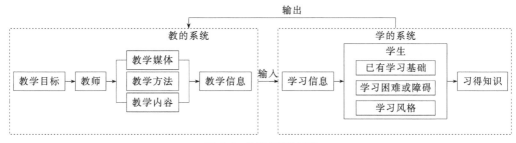

图 2.1 教学系统的要素

若具体到化学学科，"化学教学系统"可理解为由相互联系与作用的化学教师、学生、化学教学目的、化学课程与教材、化学教学内容及其载体（即教学媒体）、化学教学方法、化学评价方式等要素以特定结构方式形成的具有特定教学功能的有机系统。其中，化学教师（施教主体）、学生（学习主体）、化学教学内容及其载体（施教客体）可视为基于主客体关系划分的构成要素；化学教学目的、化学教学方法与评价方式可看作基于时间顺序关系划分

---

[1] 皮连生. 教学设计 [M]. 北京：高等教育出版社，2000.

的构成要素❶。这些要素均对整体化学教学系统的状态及其运行具有决定性的影响。譬如，对于不同的化学教学目的或目标、化学教学内容，所适宜使用的化学教学媒体、教学方法与评价方式一般也不同，相应地产生不同的教学功能。

由此可见，化学教学系统功能的最优化取决于系统内部各要素之间的最佳相互作用方式。国内有学者据此将化学教学系统的功能理解为系统内部相对稳定的联系方式、组织秩序及时空关系的外在表现，是在与外部环境相互联系和作用中表现出来的❷。刘知新教授结合信息论将化学教学系统的功能进一步细化为信息接收、信息转化、定向控制、动力支配与诊断反馈五个方面❷。结合我国当前高中化学课程改革的时代背景，化学教学系统的根本功能在于最大程度利用系统内部各要素及其之间的联系或作用，以最优化发展学生的化学核心素养，即帮助学生掌握化学必备知识，形成化学关键能力，养成正确价值观念与必备品格。

课间任务

请与小组同伴一起：
🧪 结合已有的生活和学习体会，讨论对"系统"一词的理解。

2.2 化学教学设计理论

基于教学设计理论代表加涅关于"教学设计"的定义，从广义的角度理解，"化学教学设计"可界定为一个系统化规划化学教学系统的过程，即化学教学设计是以化学教学系统为对象，并为化学教学活动的顺利开展提供基础的一种方法或过程。具体而言，化学教学设计是对"化学教学"的设计，其根本任务在于回答和解决一系列互为关联的问题：化学教学内容有哪些，化学（课时或单元）教学目标有哪些（如教学内容具有何种素养功能），学生的化学学情如何，如何基于学生的发展需求编制教学目标与设计化学学习任务或活动，如何评价学生的化学学习效果等。因此，化学教学设计的系统功能主要在于为学习者设计出借以能够掌握化学学习任务的条件和资源，并形成以书面形式存在的化学教学方案❸。

另外，从狭义的角度理解，可根据中学化学课程结构将化学教学设计划分为课程（模块）教学设计、主题教学设计与课时教学设计❹。其中，课程（模块）教学设计是化学教师在所任教的不同学段（初/高中）或高中某一模块（必修/选择性必修/选修）的化学课程教学开始之前，对所教课程从整体上规划与设计的过程。主题教学设计指教师在某个化学主题单元或章节教学开始之前，从整体上对该主题的教学目标、教学内容、教学活动和课时分配等做整体规划与设计的过程。课时教学设计则指教师在某一节化学课教学开始之前，根据主题教学设计对本节课的教学进行整体规划与设计的过程。

---

❶ 刘知新，王祖浩．化学教学系统论［M］．南宁：广西教育出版社，1999．
❷ 吴俊明，杨承印．化学教学论［M］．西安：陕西师范大学出版社，2003．
❸ 毕华林，亓英丽．化学教学设计［M］．北京：北京师范大学出版社，2013．
❹ 郑长龙，等．化学课程与教学论（第二版）［M］．长春：东北师范大学出版社，2018．

国内外教学设计专家学者基于教学系统理论提出了不少经典的教学设计模式，为我国化学教学设计模式的发展提供有益的思路与参考。较具代表性的模式包括"以课堂为中心"（classroom-centered）的格拉奇-埃利模式与"以系统为中心"（system-centered）的迪克-凯瑞模式[1]。其中，格拉奇-埃利模式（图2.2）以"课堂"为中心，要求教师在确定教学内容和教学目标之后，需要对学生的学情（如初始能力）进行评定再确定教学策略，然后以教学目标为标准对学生的学习行为做出评价。该模式有助于教师易于识别和确定自己的教学任务及其步骤，但可能会导致设计思维"定势"现象，即在某种程度上限制教师对教学过程的创造性设计。迪克-凯瑞模式（图2.3）主要以系统观念与方法为指导，探索解决教学问题的最佳方案。与格拉奇-埃利模式相比，该模式更为重视对学习环境、学习者与学习任务进行分析，更加侧重并显化系统内部各要素之间的动态关联（如设计模式图中涵盖更多的箭头指向）。

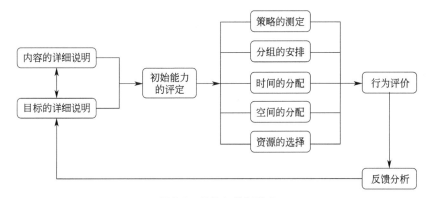

图 2.2　格拉奇-埃利模式

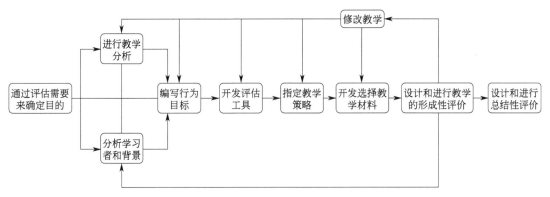

图 2.3　迪克-凯瑞模式

国内学者基于国外研究成果并结合本土实践也提出了不少有价值的教学设计模式，其中较具影响力的主要包括乌美娜的一般教学设计模式、何克抗的"主导-主体"教学设计模式。例如，乌美娜模式（图2.4）主张教学设计需包含学习者、目标、策略和评价四大基本要素，并强调以学习需要分析为设计起点。该模式与迪克-凯瑞模式相似，均将整个教学过程视为动态和开放的系统。另外，何克抗模式（图2.5）主要基于建构主义学习理论，主张可根据教学内容和学生的认知结构情况灵活选择"发现式"或"传递-接受"教学策略。与前述几种模式相比，该模式似乎更能体现以"学"为中心的教学理念。

---

[1]　周青. 化学教学设计与案例分析［M］. 北京：科学出版社，2014.

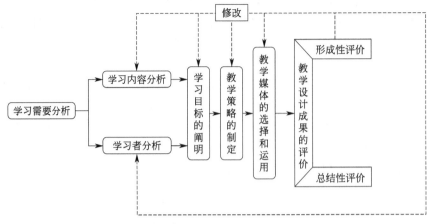

图 2.4 乌美娜模式

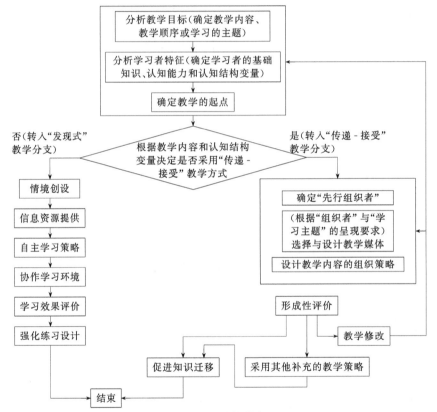

图 2.5 何克抗模式

另外，我国化学教育工作者基于国内外先进教学设计模式，尤其注重突显以"系统"为中心的教学设计观，也提出了一些颇具指导意义的化学教学设计模式。例如，周青教授所提出的化学教学设计模式（图 2.6）包含化学教学目标、教学内容、教学情境、教学媒体、教学活动、教学实验以及教学评价七个步骤要素的设计[1]。与格拉奇-埃利模式较相似，该模式主要通过循序操作与层层落实的方式体现设计的系统性，具有较强的可操作性。另外，毕华

---

[1] 周青. 化学教学设计与案例分析[M]. 北京：科学出版社，2014.

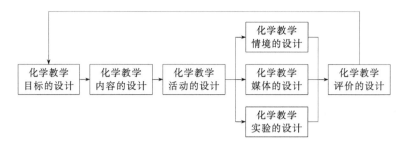

图 2.6　周青教授提出的化学教学设计模式

林教授提出的设计模式（图 2.7）主张化学教学设计由任务分析（包括化学课程内容分析、化学学习者分析、化学教学目标的制定与化学学习任务分析）、策略开发（包括不同课型和不同内容化学教学策略的设计）与评价设计（包括学生化学学习结果评价与化学课堂教学评价）三个相互关联的环节组成❶。更具特色的是，它强调这三个环节均以化学课程标准、化学教材与化学学情为依据并受其制约。与迪克-凯瑞模式和乌美娜模式相似，该模式充分体现了教学设计统筹全局与着眼整体的系统性。

图 2.7　毕华林教授提出的
化学教学设计模式

为了更好体现教学设计的化学学科专属性，国内学者相继提出了一系列结合具体化学领域（domain）的化学教学设计模式，最具代表性的包括王磊教授❷和毕华林教授❸均倡导的促进化学观念建构的"单元"教学设计模式。例如，王磊模式（图 2.8）涵盖以观念建构为本的"静态"教学分析与"动态"教学策略设计两个子过程。其中，教学分析过程侧重通过分析化学教学内容与化学学习者特征以确定化学教学目标（即"教什么"）；教学策略设计过程则侧重设计化学教学情境、化学教学问题、化学教学活动与反思策略等，以确定采取何种教学方式进行教学（即"如何教"）。毕华林模式包括"明确基本观念→形成基本理解→转化为驱动性问题→设计学习情境和探究活动→反思评价促进观念建构"五个环节（图 2.9），并强调需立足于整体内容（跨单元或章节），在对中学化学课程进行全面系统分析的基础上，合理筹划各种化学基本观念分阶段、分层次、有计划地逐步达成。类似地，胡久华教授❹也以化学单元主题为设计载体，相应地提出了促进初中化学深度学习的教学设计模式（图 2.10）。

随后，郑长龙教授❺提出以促进学生化学核心素养发展，尤其适用于具体课时的化学教学系统设计模式（图 2.11）。该模式要求教师在分析化学课程标准、理解化学教材、了解学情的基础上，确定合适的化学教学内容，制定合理的化学教学目标，明确教学的重点与难点，选择合适的化学策略与媒体，设计有效的教学与评价活动，并对教学进行反思。颇具特色的是，郑教授还主张可将化学课堂教学看作由若干彼此关联但又相对独立的"板块"有机联系构成的教学系统（即课堂教学"板块化"思想），且每个板块由任务、活动、情境与评

---

❶ 毕华林，亓英丽. 化学教学设计［M］. 北京：北京师范大学出版社，2013.
❷ 王磊，张毅强，乔敏. 观念为本的化学教学设计研究［J］. 化学教育，2008，29（6）：7-12.
❸ 毕华林，崔素芳. 促进"观念建构"的化学教学设计［J］. 中学化学教学参考，2011（8）：3-6.
❹ 胡久华. 深度学习：走向核心素养（初中化学）［M］. 北京：教育科学出版社，2019.
❺ 郑长龙等. 化学课程与教学论（第二版）［M］. 长春：东北师范大学出版社，2018.

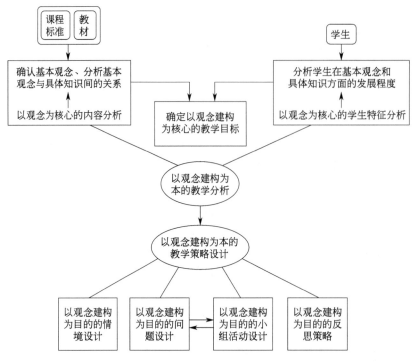

图 2.8 王磊教授提出的化学教学设计模式

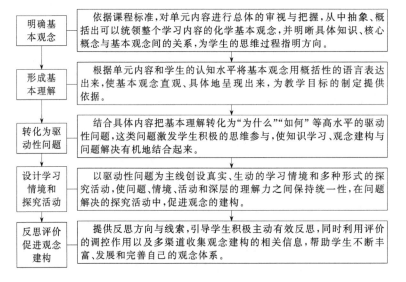

图 2.9 毕华林模式

价四个要素构成❶。在其《核心素养导向的化学教学设计》教材中，还提供了大量不同化学主题下的"板块化"课时教学设计案例。然而，关于如何整合性使用该模式与板块设计理论的具体建议相对不多，这也成为本书 CPU 系统设计理论提出的背景之一。

---

❶ 郑长龙. 化学课堂教学板块及其设计与分析——祝贺《化学教育》刊庆 30 周年 [J]. 化学教育, 2010, 31 (05): 15-19.

图 2.10　胡久华教授提出的化学教学设计模式

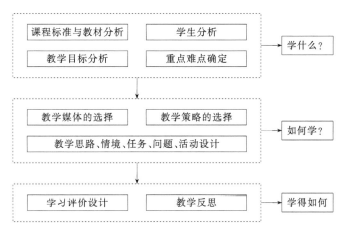

图 2.11　郑长龙教授提出的化学教学设计模式

尽管国内外各种（化学）教学设计模式具有不同的提出视角或关注焦点，它们之间存在至少两个共同特点。一方面，这些模式均一致重视运用系统的方法或思想，一般采用"统揽整体全局"（如毕华林模式）或"循序操作落实"系统化设计。另一方面，它们之间均以"问题"为导向，强调回答四个基本问题：(1) 要去哪里——确定教学目标或学生的发展需求、明确教学任务；(2) 现在在哪里——明确学习者的学习起点；(3) 如何到达那里——选择与确定有效的教学策略、设计教学活动；(4) 如何知道是否已到达那里——设计教学评价。

然而，上述设计模式似乎很少结合 PCK 或 CPU 理论讨论化学教学系统及其内部要素之间的关系，也较少涉及关于促进化学核心素养发展的"课时"教学设计的实施步骤或思路，尤其甚少较全面深入地介绍如何基于化学核心素养的背景分析与"论证"化学教学内容架构（即化学学科理解）及其素养功能、化学学习者特征，据此编制撰写具体教学目标与确定教学重难点，设计化学学习情境、任务、活动与评价等。据此，本书 2.3 部分将介绍 CPU 系统设计模式，尝试解决已有化学教学设计模式仍存在的相对不足。

课间任务

请与小组同伴一起：
- 谈谈平时做教学设计的步骤和方法；
- 讨论各种教学设计模式的优点和不足。

2.3 CPU 系统设计模式

基于以上（化学）教学设计模式（见 2.2 部分）的共同特点（"系统化"），并结合 CPU 理论（见 2.1 部分），尤其融合化学课堂教学"板块化"思想[1]与核心素养导向化学教学设计理念[2]，提出 CPU 系统设计模式。受毕华林教授[3]与王磊教授[4]的设计模式启发，CPU 系统设计模式（如图 2.12 所示）主要包括任务分析（A）、策略设计（B）与参数提炼（C）三个子系统，其中 A 为 B 的基础，同时 A 与 B 为 C 提供依据。

具体而言，"任务分析"子系统包括（对某一节化学课）教学内容架构分析（A1）、课堂教学板块结构与素养功能分析（A2）以及化学学习特征分析（A3）三个要素——它们主要对应化学学科理解、化学课程知识、化学教学取向、化学学情知识四个 CPU 核心组分及其相互作用。"策略设计"子系统包括化学学习任务或活动的设计（B1）、化学教学情境或问题的设计（B2）以及评价发展设计（B3）三个要素——它们主要对应化学策略知识与化学评价知识两个 CPU 核心组分及其相互联系。"参数提炼"子系统则包括教学重难点的提炼（C1）、教学与评价目标的提炼（C2）与教学主线的提炼（C3）——由于它们主要以 A 与 B 两个子系统为基础，故对应六个 CPU 核心组分及其相互联系。

与上述不少设计模式相似，CPU 模式不仅提供了各要素环节实施顺序的建议（如 A1→A2→A3→C1→B1→B2→B3→C2→C3），同时也强调子系统内部各要素之间（如 A1-A2-A3、B1-B2-B3、C1-C2-C3）以及子系统之间（A-B、A-C、B-C、A-B-C）的相互联系。在关注"系统性"的同时，CPU 设计模式还特别注重"生成性"思想。例如，可基于内容架构分析、板块功能分析与学习特征分析综合"生成"或提炼教学重难点，基于任务分析与策略设计两个子系统"生成"或提炼教学与评价目标以及课堂教学主线（如知识线、素养线、思维线、任务/活动线、情境/问题线、评价线）。以下将分别阐述 CPU 系统设计模式中各

---

[1] 郑长龙. 化学课堂教学板块及其设计与分析——祝贺《化学教育》刊庆 30 周年 [J]. 化学教育，2010，31 (05)：15-19.
[2] 郑长龙. 核心素养导向的化学教学设计 [M]. 北京：人民教育出版社，2021.
[3] 毕华林，亓英丽. 化学教学设计 [M]. 北京：北京师范大学出版社，2013.
[4] 王磊，张毅强，乔敏. 观念为本的化学教学设计研究 [J]. 化学教育，2008，29 (6)：7-12.

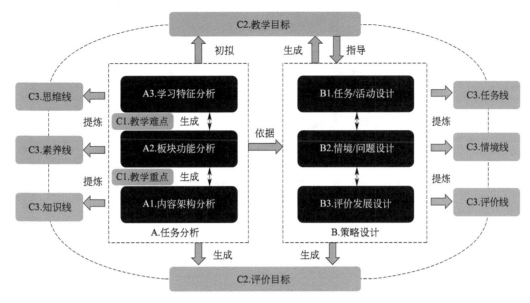

图 2.12 CPU 系统设计模式

要素的含义及其依据，具体实施步骤或技巧示例详见于本书"设计篇"（第 3~9 章）。

● 内容架构分析及其依据

"内容架构分析"（A1）指的是基于化学课程内容与化学教科书内容进行解读与重组以确定某一化学课时的教学内容，并按照其性质进一步划分为"知识-技能类""思维-方法类"与"价值-观念类"内容，然后对这三类内容及其之间的联系进行较全面与系统梳理的过程。该过程主要体现化学课程知识、化学学科理解与化学教学取向三个 CPU 核心组分的系统整合。化学课程内容（如"内容要求"）与化学教材（教科书）内容（如章引言、章节标题等）是进行内容架构分析的主要依据（见图 2.13）。

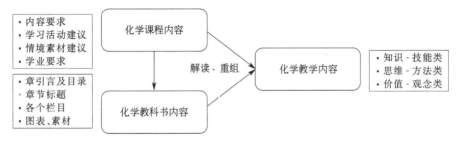

图 2.13 化学教学内容架构分析的依据

● 板块功能分析及其依据

"板块功能分析"（A2）指的是对某一化学课时进行板块划分，并对每个教学板块所承载的化学核心素养进行分析的过程，重点体现化学课程知识、化学学科理解与化学教学取向三个 CPU 核心组分的系统整合。其中，板块划分的依据为上述内容架构分析以及概念逻辑（如并列、递进、从属）、学科逻辑、教学逻辑与认知逻辑等衔接关系；板块功能分析的主要依据主要包括基于内容架构分析（A1）提炼所得的化学教学内容、课标中的化学学科核心素养及其水平划分，具体如图 2.14 所示。

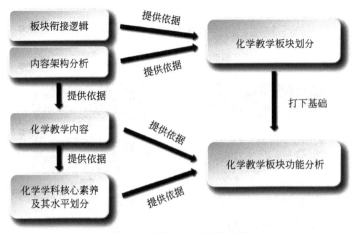

图 2.14 板块功能分析的依据

● 学习特征分析及其依据

"学习特征分析"（A3）指的是对学生关于某一化学课时内容学习的已有基础、发展需求与困难障碍进行分析的过程，主要体现化学学情知识及其与化学课程知识、化学学科理解、化学教学取向等 CPU 核心组分的系统整合。对学生已掌握的具体化学知识与技能，一般可依据化学教科书内容（A1）和教师教学或学生学习经验等方法进行综合分析，而对于学生已具备的思维或观念等内容往往需要教师查阅相关文献或在学生已有知识的基础上进一步总结教学经验得出。分析学生已有基础（"实然"）的最终目的是向"应然"的表现进行发展，即需要教师进一步思考学生在这些基础之上所存在的发展空间或需求。相应地，发展需求的分析依据主要包括各板块对应的化学教学内容（A1、A2）、各板块所对应的化学核心素养及其水平（A2）或更具体的"学业要求"或学业质量水平等输出性要求。困难障碍的分析主要聚焦学生在知识技能、思维方法层面上的不足或错误认识，同时也关注某些观念、意识、情感或品格方面相对薄弱之处。教师在学习特征分析的过程中不仅需要理清影响学生学习的各个方面的困难与障碍，还需要思考导致这些学习困难与障碍的原因。与已有基础的分析类似，困难障碍的分析的依据可包括研究文献、教学经验以及课前诊断（包括访谈与问卷调查）等。

● 教学重难点提炼及其依据

教学重难点提炼（C1）指的是基于某一化学课时各板块的教学内容及其素养功能，以及对化学学情的分析，提炼出该课时较为核心或重要的内容（教学重点）与大多学生可能存在的认识困难或障碍点（教学难点）的过程。它集中体现了化学课程知识、化学学科理解、化学教学取向、化学学情知识四个 CPU 核心组分的系统整合。其中，教学重点可依据上述教学内容架构图（A1）与板块所承载的化学核心素养及其水平（A2）共同确定；教学难点可根据学习特征分析（A3）以及板块所承载的核心素养及其水平（A2）共同决定。

● 迁移性教学目标提炼及其依据

在提炼完教学重难点之后，便可初步拟定迁移性教学目标（侧重知识迁移应用的教学目标），而完整的教学目标还包括需要结合具体学习任务、活动与情境提炼的建构性教学目标（侧重知识建构的教学目标）。迁移性教学目标提炼（C2）指的是在完成化学教学内容架构分析、板块素养功能分析、学习发展需求分析以及教学重难点的提炼后，从素养表现的层面对某化学课时教学应达到的目标层次（即学生在学习后"能"做什么）进行提炼的过程。因此，它主要体现了化学课程知识、化学学科理解、化学教学取向、化学学情知识四个CPU核心组分的系统整合。相应地，迁移性教学目标的提炼可依据教学内容架构分析（A1）、板块所承载的化学核心素养及其水平（A2），尤其是学生学习的发展需求（A3）共同决定。

● 任务/活动设计及其依据

任务/活动设计（B1）指的是基于上述教学内容架构分析、板块功能分析与学习特征分析，设计某一化学课时的具体化学学习任务或活动的过程，其主要体现化学策略知识及其与化学课程知识、化学学科理解、化学教学取向、化学学情知识等CPU核心组分的系统整合。化学学习任务（如"设计实验探究乙酸乙酯在不同条件下的水解程度"）可理解为对化学教学内容（如"乙酸乙酯在酸性或碱性环境的水解"、变量控制思想）的具体落实，也是化学学习活动（如"实验设计"）过程[1]。需要说明的是，化学学习任务与化学学习活动并无绝对的从属或一一对应关系。例如，同一项化学学习任务（"探究葡萄糖的化学性质"）可以通过各种不同的化学学习活动（如"描述葡萄糖分子中的官能团""预测葡萄糖可能具有的化学性质""设计实验方案""观察并记录实验现象""解释实验现象"以及"归纳葡萄糖的化学性质"等）来完成；同一种化学学习活动（"对比实验"）也可以设为多个同类化学学习任务（如"对比分别往苯与甲苯中加入$KMnO_4$酸性溶液的实验""对比分别往苯与甲苯中加入溴水的实验"）。本书主要采用第一种关系，倾向于将"活动设计"可理解为"任务设计"的具体化操作。

一般来说，化学学习任务或活动可依据化学教科书内容（如学习内容与活动的编排）与课标中的"教学策略"或"学习活动建议"（A1）、各板块对应的教学内容及其素养功能（A2）、化学学习困难障碍与发展需求等综合设计。教师在进行任务或活动设计时，需结合教学板块充分考虑具体任务/活动能落实的教学内容、体现的核心素养及水平、能解决的学习困难以及需要的学生发展需求。

● 情境/问题设计及其依据

情境/问题设计（B2）指的是基于任务/活动分析以及前述教学内容架构分析、板块功能分析与学习特征分析等，设计某一课时的化学教学情境（一般由情境素材与问题共同组成）的过程。与B1相似，该要素主要体现化学策略知识及其与化学课程知识、化学学科理解、化学教学取向、化学学情知识等CPU核心组分的系统整合。化学教学情境可理解为教师在化学课堂教学中为引发学生积极主动地建构化学知识、完成特定的化学学习任务或活动，以解决化学学习困难或满足学习发展需求而创设的化学学习氛围或环境[2]。因此，相应的化学学习任务或活动设计（B1）、"情境素材建议"（A1）、各板块对应的化学教学内容及其素养功能（A2）、化学学习困难障碍与发展需求（A3）或迁移性教学目标均可作为情境/问题设计的依据。

● 建构性教学目标提炼及其依据

建构性教学目标提炼（C2）指的是在完成化学教学内容架构分析、板块素养功能分析、学习特征分析、教学重难点提炼以及任务/活动设计与情境/问题设计之后，从教学内容建构

---

[1] 郑长龙，等. 化学课程与教学论（第二版）[M]. 长春：东北师范大学出版社，2018.
[2] 毕华林，卢姗姗. 化学课程中情境类型与特征分析[J]. 中国教育学刊，2011（10）：60-63.

的层面对某化学课时教学应达到的目标层次（即学生在学习后所"建构"的知识、认识思路或方法等）进行提炼的过程。与迁移性教学目标提炼稍微不同的是，它充分体现了化学课程知识、化学学科理解、化学教学取向、化学学情知识以及化学策略知识五个CPU核心组分的系统整合。因此，该要素环节可依据教学内容架构分析（A1）、板块所承载的化学核心素养及其水平（A2），尤其是学生学习的发展需求（A3）、化学学习任务/活动设计（B1）、具体教学情境或问题设计（B2）共同决定。

● 评价发展设计及其依据

评价发展设计（B3）指的是在完成化学教学内容架构分析、板块素养功能分析、学习特征分析、任务/活动设计与情境/问题设计以及教学重难点和教学目标提炼之后，设计某一化学课时"评价任务"的过程。与CPU理论中的化学评价知识一致，化学学习评价任务包括评价内容与评价方式两个方面。其中，评价内容是内容要素，主要指前述三种类型的化学教学内容；评价方式是方法要素，主要指具体的评价方法（详见本书1.7部分）。这一要素环节较全面地体现了CPU所有核心组分（尤其是化学评价知识组分）的系统整合。因此，它可依据课标中的"学业要求"与教学内容架构分析（A1）、板块所承载的化学核心素养及其水平（A2）、尤其是学生学习的发展需求（A3）或迁移性教学目标、化学学习任务/活动设计（B1）、具体教学情境或问题设计（B2）共同决定。

● 评价目标提炼及其依据

评价目标提炼（C2）指的是在完成评价任务设计后，以素养为本的评价观为指导，对判断化学教学目标的达成程度与学业质量水平的"标尺"进行提炼的过程。化学评价目标主要由反映学生实际化学学习能力、指向真实问题解决的若干个具体的化学评价任务构成。它可大致分为表现型评价目标与内容型评价目标，前者侧重化学核心素养的能力要求（行为表现），后者则侧重素养的内容要求（内涵表达），具体实例详见本书"设计篇"第8章。它主要体现了化学课程知识、化学学科理解、化学教学取向、化学学情知识、化学策略知识以及化学评价知识六个CPU核心组分的系统整合。因此，该要素环节可依据教学内容架构分析（A1）、板块所承载的化学核心素养及其水平（A2）、学生学习的发展需求（A3）、化学学习任务/活动设计（B1）、具体教学情境或问题设计（B2），尤其是评价任务与教学目标共同决定（图2.15）。

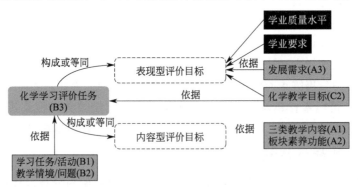

图2.15 评价目标提炼的依据

● 教学主线提炼及其依据

作为CPU系统设计模式中的最后一个环节，教学主线提炼（C3）不仅能综合反映该模式中任务分析、策略设计与参数提炼三个子系统之间的紧密联系，还充分体现了 CPU 六个核心组分的高度系统整合性。该环节指的是在完成化学教学内容及其素养功能分析、学习特征分析以及教学与评价策略设计后，据此梳理若干能贯穿整个课时教学的主要设计思路线索的过程，典型的主线包括知识线、素养线、思维线、任务线、情境线与评价线等。因此，它可依据教学内容架构分析（A1）、板块所承载的化学核心素养及其水平（A2）、学习特征分析（A3）、化学学习任务/活动设计（B1）、教学情境或问题设计（B2）、评价发展设计（B3）、教学重难点（C1）以及教学与评价目标（C2）共同决定。

以上分别简述了 CPU 系统设计模式中各要素环节的含义及其依据，更多关于具体实施步骤或方法的实例详见于本书"设计篇"第 3~9 章。考虑到精简性与衔接性等因素，"参数提炼"子系统（除"教学主线提炼"外）的介绍将分散嵌于"任务分析"与"策略设计"的相应之处。如将"教学重点提炼"置于第 4 章（"任务分析——板块功能分析"），"教学难点提炼"与"迁移性教学目标提炼"均置于第 5 章（"任务分析——学习特征分析"），"建构性教学目标提炼"置于第 7 章（"策略设计——情境/问题设计"）。另外，"设计篇"将结合"333 设计导引"（完整版详见附录）具体阐述 CPU 系统设计模式的实操应用。"333 设计导引"中的三个"3"分别对应着 A、B、C 三个子系统中的要素，即第一个"3"表示 A1、A2、A3，以此类推。为了更好地体现 CPU 理论的指导作用，设计导引在各要素环节对其体现的 CPU 核心组分也做了相应的标注。

课间任务

请与小组同伴一起：
🧪 讨论 CPU 系统设计模式中任务分析、策略设计、参数提炼三个子系统之间的关联性。

要点回顾

🧪 化学教学系统可理解为由相互联系与作用的化学教师、学生、化学教学目的、化学课程与教材、化学教学内容及其载体（即教学媒体）、化学教学方法、化学评价方式等要素以特定结构方式形成的具有特定教学功能的有机系统。

🧪 融合了化学课堂教学"板块化"思想与核心素养导向化学教学设计理念，CPU 系统设计模式主要包括任务分析（A）、策略设计（B）与参数提炼（C）三个子系统，其中 A 为 B 的基础，同时 A 与 B 为 C 提供依据。

🧪 "任务分析"子系统包括（对某一节化学课）教学内容架构分析（A1）、课堂教学板块结构与素养功能分析（A2）以及化学学习特征分析（A3）三个要素。

🧪 "策略设计"子系统包括化学学习任务或活动的设计（B1）、化学教学情境或问题的设计（B2）以及评价发展设计（B3）三个要素。

🧪 "参数提炼"子系统包括教学重难点的提炼（C1）、教学与评价目标的提炼（C2）与教学主线的提炼（C3）。

思考拓展

1. 请谈谈"情境"与"情景"的区别。

2. 课标指出高中化学教学要倡导基于化学学科核心素养的评价,请问这种评价观与传统教学的评价观有什么区别?

反思活动

_____

_____

_____

设计篇

第 3 章　任务分析——内容架构分析

第 4 章　任务分析——板块功能分析

第 5 章　任务分析——学习特征分析

第 6 章　策略设计——任务/活动设计

第 7 章　策略设计——情境/问题设计

第 8 章　策略设计——评价发展设计

第 9 章　设计主线提炼

第 3 章
任务分析——内容架构分析

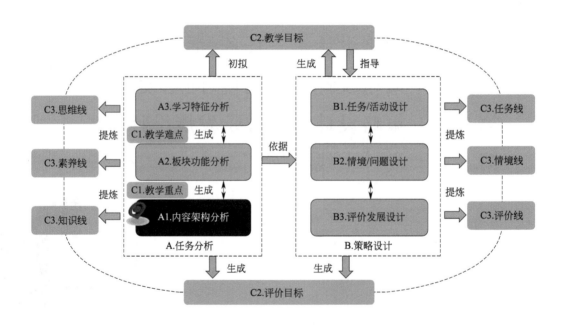

本章导读

　　本章系统地介绍了如何使用"333设计导引"（见本书附录）进行化学教学内容架构分析的实施步骤或方法技巧，向读者展示了如何基于化学课程内容与教科书内容提炼某课时的化学教学内容，同时佐以案例进行说明。根据CPU系统设计理论可知，化学教学内容架构分析这一要素环节为其他环节提供了前期基础。

本章导读课件

学习目标

- 能区分化学课程内容、教科书内容与教学内容;
- 能结合化学课程内容、教科书内容梳理某课时的教学内容;
- 能以架构图形式呈现某课时的化学教学内容(包括知识-技能类、思维-方法类以及价值-观念类内容)。

课前头脑风暴

- 请谈谈你对"化学教学内容"的认识。

- 你会如何确定某一具体化学课时的教学内容?

- 你所基于的主要依据是什么?

3.1 化学教学内容架构分析的实施步骤

基于第 2 章可知，化学教学内容架构分析要求教师对化学课程内容与教科书内容进行解读与重组以确定某课时的"知识-技能类""思维-方法类"与"价值-观念类"三类教学内容，然后对它们之间的联系进行系统梳理。因此，教学内容架构分析过程主要包括两个方面。

首先，基于设计导引"A1.1 教学内容（知识技能、认识方法、价值观念）范畴分析"（图 3.1）部分，分别分析化学课程内容和化学教科书内容，以确定化学教学内容的范畴。课程内容可参考课标中的"内容要求"与"学业要求"等栏目；教科书内容可参考章引言、目录以及正文内容等。基于课程内容与教科书内容梳理归纳相应课时的化学教学内容，并将其分为"知识-技能类""思维-方法类""价值-观念类"三大类。然后，在设计导引"A1.2 教学内容（知识技能、认识方法、价值观念）架构分析"部分（图 3.2），以图形（如概念图）的形式呈现三类化学教学内容之间的关系。例如，可以"知识-技能类"内容为载体，分析其所承载的另外两类教学内容，最终形成某课时的内容架构图。具体分析案例详见 3.2 部分。

图 3.1 化学教学内容范畴分析

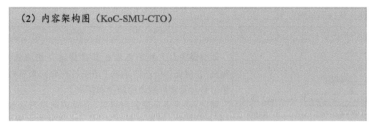

图 3.2 化学教学内容架构分析

3.2 化学教学内容架构分析案例

——以"元素周期律"的主题为例

A1.1 化学教学内容范畴分析

首先，根据课标分析化学课程内容并使用表格（如表 3.1 所示）整理，并对其进行整合与提炼（见图 3.3）。其中，"内容要求""学习活动建议""情境素材建议""学业要求"等部分均有涉及元素周期律的教学内容。

表 3.1 "元素周期律"课程内容分析

项目	课程内容
内容要求	认识原子结构、元素性质与元素在元素周期表中位置的关系。知道元素、核素的含义,了解原子核外电子的排布。结合有关数据和实验事实认识原子结构、元素性质呈周期性变化的规律,建构元素周期律。知道元素周期表的结构,以第三周期的钠、镁、铝、硅、硫、氯,以及碱金属和卤族元素为例,了解同周期和主族元素性质的递变规律。体会元素周期律(表)在学习元素化合物知识与科学研究中的重要作用
学习活动建议	调查与交流讨论:讨论第三周期元素金属性、非金属性的递变,讨论碱金属元素、卤族元素性质的递变,借助元素周期律(表)预测硅、硒、锗、镓等元素的性质;查阅元素周期律(表)对发现新元素、制造新物质、开发新材料的指导作用,查阅放射性同位素在能源、农业、医疗、考古等方面的应用
情境素材建议	原子结构与元素周期律;元素周期律(表)的发现史;铝制品的合理使用,用铝与氢氧化钠的反应疏通下水管道;稀土资源、核能的开发与利用
学业要求	能结合有关资料说明元素周期律(表)对合成新物质、制造新材料的指导作用

> 对课标内容整合得出以下内容:
>
> ● 认识原子结构、元素性质与元素在元素周期表中位置的关系;
> ● 学生自主探究规律,提高解决问题的能力;
> ● 建立"位-构-性"模型。
>
> 《普通高中化学课程标准(2017年版)》中提到,除了要让学生理解电离能等知识外,作为高中化学学习中有关元素周期律知识的最后一部分,这部分内容的学习主要在于完善学生对原子结构和元素周期表、周期律的认识,帮助学生形成系统的"位-构-性"的知识框架,深化元素原子结构决定元素在元素周期表中的位置以及元素性质、元素位置和性质反映原子结构的观念,同时培养学生的信息收集、分析问题和解决问题的能力。

图 3.3 化学课程内容的整合与提炼

其次,以人教版高中化学必修(2019 年版)第一册为例,分析化学教科书中的目录(见表 3.2)、章引言、节引言、栏目与正文(见表 3.3)等部分的内容。

表 3.2 "元素周期律"教科书目录分析

教科书目录	分析
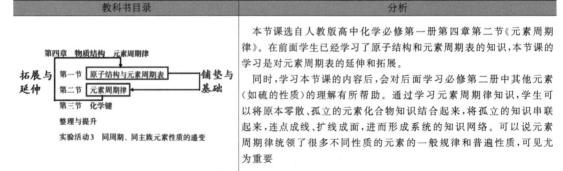	本节课选自人教版高中化学必修第一册第四章第二节《元素周期律》。在前面学生已经学习了原子结构和元素周期表的知识,本节课的学习是对元素周期表的延伸和拓展。 同时,学习本节课的内容后,会对后面学习必修第二册中其他元素(如硫的性质)的理解有所帮助。通过学习元素周期律知识,学生可以将原本零散、孤立的元素化合物知识结合起来,将孤立的知识串联起来,连点成线、扩线成面,进而形成系统的知识网络。可以说元素周期律统领了很多不同性质的元素的一般规律和普遍性质,可见尤为重要

表 3.3 "元素周期律"教科书内容分析

位置	教科书内容	分析
章引言	随着元素周期表的建立和元素周期律的发现,特别是原子结构的奥秘被揭示,人们从微观角度探索元素之间的内在联系,进一步认识了元素性质及其递变规律,并通过研究粒子间的相互作用,认识化学反应的本质;逐步建立了结构决定性质的观念。	在第四章的章引言中,强调了元素周期律从微观角度认识元素性质之间的关系、化学本质的重要作用

续表

位置	教科书内容	分析
节引言	通过对碱金属元素、卤素的原子结构和性质的研究，我们已经知道元素周期表中同主族元素的性质有着相似性和递变性。那么，周期表中同周期元素的性质有什么变化规律呢？	基于上一节"原子结构和元素周期表"内容引出"元素周期律"的知识
正文	一、元素性质的周期性变化规律（表4-5 1~18号元素的原子核外电子排布、原子半径和主要化合价）	原子序数和核外电子排布属于元素的原子结构；原子半径和化合价属于元素的性质。通过分析比较，可以发现元素的性质随原子序数的改变而变化的关系模型，基于原子结构解释原子半径和化合价的递变规律（元素的性质），学生建立"结构决定性质"的观念，为建立"位-构-性"模型奠定基础
	思考与讨论：观察表4-5，思考并讨论：随着原子序数的递增，元素原子的核外电子排布、原子半径和化合价呈现出规律性的变化？	这部分的内容主要是帮学生总结上面表格的规律，同时引起学生的思考；初步帮助学生建立起"位置-结构"关系模型
	探究 第三周期元素性质的递变【问题讨论】【实验比较】【信息获取】【结论分析】	基于对元素半径、位置、化合价周期性变化的认识，学生对"钠、镁、铝"性质进行一定的推测。通过实验和信息的获取来比较第三周期元素的金属性和非金属性的周期性变化规律。根据第三周期中的元素金属性和非金属性的周期性变化，得出第三周期元素的性质也会随着位置的不同而发生改变，进而帮助学生建立起"性质-位置"的关系。同时再将这部分内容跟元素的结构结合起来，最终帮助学生确立"位置-结构-性质"三者的关系模型

最后，结合课程内容与教科书内容归纳该课时三类化学教学内容（表3.4）。

表3.4 "元素周期律"教学内容及其对应关系

知识-技能类	思维-方法类	价值-观念类
1. 原子结构	宏微结合	变化观、元素观
2. 元素周期表的位置编排		
3. 第三周期元素性质变化规律探究实验	证据推理、科学探究	变化观、实验观

知识-技能类	思维-方法类	价值-观念类
4. 元素性质	"结构-性质"思维定性思维	变化观 辩证唯物主义观
5. 元素周期律的运用	"结构-性质"思维模型认知	模型观 化学价值观

A1.2 化学教学内容关系分析

首先,根据"知识-技能类"教学内容找出"元素周期律"的主要知识,如原子结构、位置编排、元素性质、第三周期元素性质变化规律探究实验等,初步绘制这些知识之间的关系图(图3.4)。

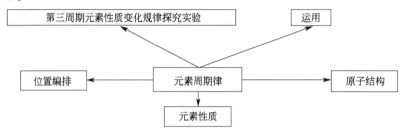

图 3.4 知识关系图

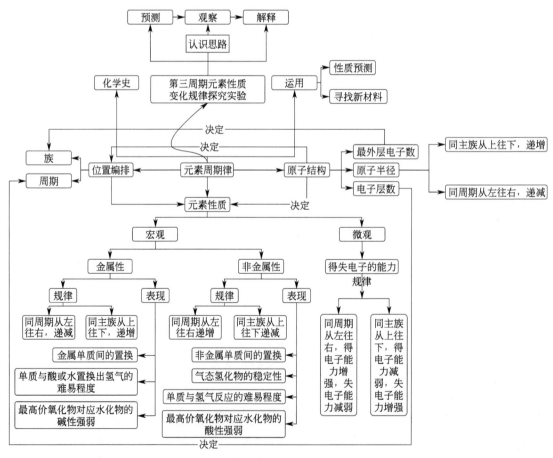

图 3.5 知识及其要素关系图

其次，确定并用图形绘制上述知识所涵盖的知识要素及其之间的关系（见图3.5）。例如："原子结构"知识包括的要素有最外层电子数、原子半径、电子层数等；"元素性质"涵盖的要素有金属性和非金属性等。

最后，用概念图呈现三类教学内容之间的对应关系（见表3.4）。例如，可考虑以"知识-技能类"内容为载体，分析其所承载的另外两类教学内容，形成本课时的内容架构图（图3.6）。

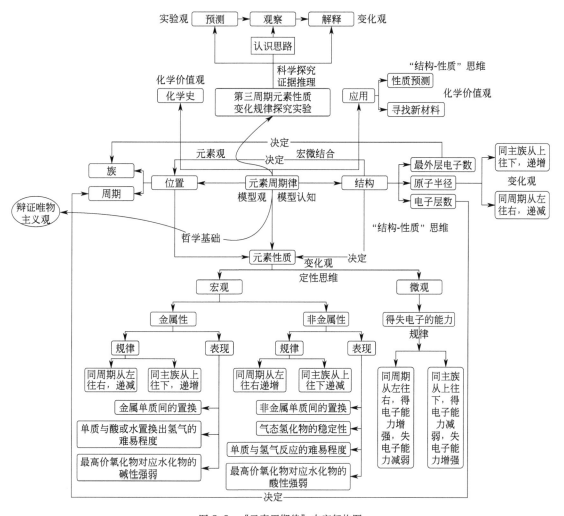

图 3.6 "元素周期律"内容架构图

 要点回顾

▲ 化学教学内容架构分析包括化学教学内容范畴分析与化学教学内容关系分析。

▲ 化学教学内容范畴分析要求教师对化学课程内容与教科书内容进行解读与重组，以确定某课时的"知识-技能类""思维-方法类"与"价值-观念类"三类教学内容。

▲ 化学教学内容架构分析（A1.2）要求教师以图形（如概念图）的形式呈现三类化

学教学内容之间的关系;可先基于"知识-技能类"内容的结构化画出初步概念图,而后对应画出其承载的"思维-方法类"与"价值-观念类"内容,形成该化学教学主题的内容架构图。

 课间任务

请与小组同伴一起:
对"原电池的工作原理"一课进行内容架构分析。

 思考拓展

1. 你还有其他分析教学内容的方法吗?你如何看待教学内容之间的联系?
2. 教学内容如何划分教学板块?板块之间的逻辑关系是什么?
3. 内容架构图如何为教学重点提供依据?

反思活动

"CPU-板块化" PCK 教学设计导引
——内容架构分析导引

A 任务分析——A1 内容架构分析

A1.1 教学内容（知识技能、认识方法、价值观念）范畴分析

(1) 课程内容-教科书内容-教学内容（KoC-SMU-CTO）

课程内容可参考"内容要求""学习活动建议""情境素材建议""学业要求"；教材内容可参考章引言、所在章节的标题、各个栏目（如实验活动、思考与讨论、科学史话、方法导引、资料卡片……）；基于二者再梳理归纳教学内容

A1.2 教学内容（知识技能、认识方法、价值观念）关系分析

(2) 内容架构图（KoC-SMU-CTO）

可基于（1）绘制。

 学生作业示例

第 4 章
任务分析——板块功能分析

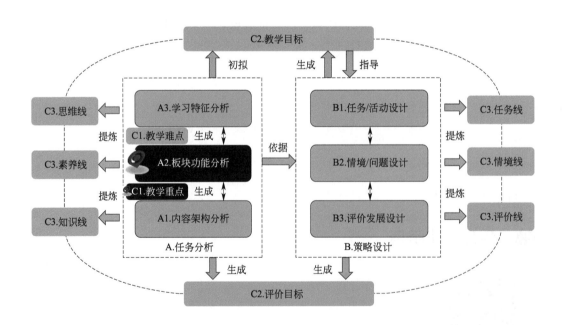

本章导读

在第 3 章"任务分析——内容架构分析",我们已经完成了对教学内容的分析,并最终生成了"内容架构图"。在这一章,我们将在内容架构分析的基础上进行任务分析的第二步——板块功能分析,并对教学重点进行提炼。

本章内容包括化学教学板块功能分析的实施步骤及其案例解读与教学重点的提炼方法两大部分。本章将在丰富的案例和详细的解读中,带领大家学会化学教学板块功能分析,学会自己提炼教学重点。

本章导读课件

学习目标

🧪 能基于板块化教学理论对某一课时的教学内容进行板块划分与命名,并论证各板块间的逻辑关系。

🧪 能结合课标的附录1部分,分析各板块的素养功能定位及素养水平。

🧪 能基于内容架构分析与板块功能分析,提炼某一课时的教学重点。

课前头脑风暴

🧪 请谈谈你对化学学科核心素养的认识;

🧪 你会如何对一节课进行板块划分?请说明理由;

🧪 你在教学设计时是怎么提炼教学重点的?

4.1 化学教学板块功能分析的实施步骤

化学教学板块功能分析需要根据教学内容对教学板块进行划分，再对每个板块的素养功能逐一分析。如第2章所述，可根据内容架构分析（见第3章）以及一定的逻辑关系划分教学板块。相应地，板块功能分析的主要依据可包括内容架构分析所呈现的化学教学内容、课程标准中的化学学科核心素养及其水平划分等。总体而言，板块功能分析有三大步骤，一是基于逻辑对板块进行划分命名，二是对板块衔接进行逻辑分析，三是对每个板块承载的素养功能及其水平进行设计与分析。具体操作步骤如图4.1所示。

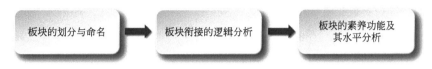

图4.1 板块功能分析的三个步骤

首先，教师需基于"内容架构分析"并根据一定的逻辑，对该教学主题下的化学教学板块进行初步划分。确定每个教学板块之后，教师需要将上一步所做的"内容架构分析"中的三类教学内容，分别归在各个板块之中。这样，便可确定每个板块所涉及的教学内容。

其次，当我们划分完教学板块后，需要对这些板块之间关系的逻辑进行论证，检查板块的划分是否合理。根据"化学课堂教学板块理论"，各板块的衔接逻辑可以是"概念逻辑"（如并列、递进、从属等）、"学科逻辑""认知逻辑""教学逻辑"等。如果板块之间的衔接不符合逻辑，教师就需要适当修改板块的划分。

最后，当确定了每个板块的教学内容、板块之间的衔接逻辑之后，教师要对每个板块的素养功能进行分析，确定每个板块所承载的化学学科核心素养及其素养水平。化学学科核心素养包括宏观辨识与微观探析（素养1）、变化观念与平衡思想（素养2）、证据推理与模型认知（素养3）、科学探究与创新意识（素养4）、科学态度与社会责任（素养5）。课标将每条化学核心素养均划分为4个水平（见图1.15），即学生在整个高中阶段的学习过程中，化学核心素养的水平也在不断提升，教师也可从学习进阶的角度考虑学生在该板块中所能达到的核心素养水平。譬如，素养1的四个水平中，水平1是高中化学学习进阶的起点或者初中化学学习进阶的终点，而水平4是高中化学学习进阶的终点。由于每个教学板块的教学内容不同，其所凸显的素养功能也不一样。因此，教师在板块素养功能分析时，要深入理解教学内容，反复斟酌，找出每个板块的教学内容所承载的化学核心素养及其水平。

4.2 化学教学板块功能分析案例解读

下面以"铁盐和亚铁盐"教学为例呈现板块功能分析的三个步骤。

步骤1：板块的划分与命名

假设通过上一章的内容架构分析，可梳理得到"铁盐与亚铁盐"的三类教学内容："知识-

技能类"内容——铁盐的检验、铁盐和亚铁盐的相互转化、建立氧化还原转化模型;"思维-方法类"内容——科学探究、模型认知、三重表征、证据推理等;"价值-观念类"内容——分类观、变化观、实验观、科学价值观等。这三类内容并非相互孤立,而是彼此之间相互渗透。譬如,"铁盐和亚铁盐的相互转化"这一知识,需要渗透科学探究、三重表征等思维方法。随后,基于相应的内容架构图,可将此教学主题的板块初步划分为三个板块(图4.2)。

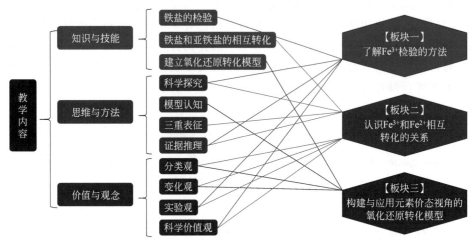

图4.2 "铁盐与亚铁盐"板块与教学内容的关系

板块一:了解Fe^{3+}检验的方法,包括铁盐的检验、科学探究、证据推理、实验观、科学价值观等具体教学内容;

板块二:认识Fe^{3+}与Fe^{2+}相互转化的关系,包括铁盐和亚铁盐的相互转化、三重表征、证据推理、分类观、变化观、实验观、科学价值观等具体教学内容;

板块三:构建与应用元素价态视角的氧化还原转化模型,其中包括建立氧化还原转化模型、模型认知、分类观、变化观等具体教学内容。

至此,已完成板块的划分与命名工作,并为后续的逻辑衔接关系论证及素养功能分析奠定基础。

步骤2:板块的衔接逻辑分析

如何运用科学合理的逻辑思维将各板块衔接在一起,使其呈现出系统化的教学思路?我们可考虑从"概念逻辑""学科逻辑""认知逻辑""教学逻辑"等角度分析与论证各板块之间的衔接关系。

从概念逻辑的角度看,板块一和板块二之间是"并列-递进"联结方式。从本质上看,Fe^{3+}检验是基于Fe^{3+}能与SCN^-发生络合反应,而Fe^{3+}和Fe^{2+}相互转化是基于离子本身的氧化性或还原性,这两种属性是本质不同的,但是人教版课本必修第二册运用了Fe^{3+}检验的方法去表征Fe^{3+}和Fe^{2+}的相互转化,所以可认为两个板块之间是并列-递进联结方式。另外,板块二和板块三之间是递进联结方式。板块二侧重Fe^{3+}和Fe^{2+}相互转化的宏观反应现象,微观离子进行反应和电子转移本质形成了Fe^{3+}和Fe^{2+}相互转化关系图,并且板块三在板块二的基础上补充铁与Fe^{3+}和Fe^{2+}的相互转化关系以形成"铁三角",并通过总结与提升构建不同化合价相互转化的氧化还原转化模型,即可视为对板块二的递进或升华。

从学科逻辑的角度看,板块一从宏观辨识层面观察Fe^{3+}检验的反应现象,了解Fe^{3+}的特征检验方法（宏观）；板块二从微观探析角度（电子得失）认识 Fe^{3+} 和 Fe^{2+} 相互转化关系（微观）；板块三则从宏微结合视角解决生活中的真实问题。

从认知逻辑的角度看，板块一基于"现象"的认知层面，从 Fe^{3+} 检验的反应现象，Fe、Fe^{3+} 和 Fe^{2+} 相互转化的反应现象，带给学生一种感性认识，引发学生理性思考问题的本质；板块二基于"本质"的认知层面，从学生的已有经验（离子反应、电子转移）入手，引导学生指出现象背后的本质；板块三基于"应用"的认知层面，探讨如何检验补铁剂是否变质，以及防止铁的腐蚀等问题。

需要说明的是，板块的划分不一定要运用上述所有逻辑。教师能从某种逻辑角度对板块衔接关系进行合理分析或论证即可。另外，若难以论证步骤一所划分的板块衔接关系的逻辑，教师则需要重新进行板块划分工作，以增强教学内容的系统逻辑性。

步骤3：板块的素养功能及其水平分析

完成了前面板块的划分与命名、板块衔接的逻辑分析两个步骤后，我们已经确定了本课的板块划分及其每个板块的教学内容，接下来要进行第三个步骤，即板块的素养功能及其水平分析。各板块的素养功能及其水平分析的依据是课标中素养水平的划分，但课标中素养水平划分较为抽象，并未结合具体教学主题。因此，下面将结合"铁盐和亚铁盐"的实际教学，具体分析每个板块所蕴含的化学核心素养及对应水平，具体如表4.1所示。

表4.1 "铁盐和亚铁盐"板块素养功能及其水平分析

板块	化学课程标准 抽象素养水平	"铁盐和亚铁盐"教学 具体素养水平
板块一 了解 Fe^{3+} 检验的方法	素养1 宏观辨识与微观探析 水平1——能根据实验现象辨识物质及其反应，能运用化学符号描述常见简单物质及其变化	能根据实验现象（溶液变红）辨识物质（Fe^{3+}、SCN^-）及其反应，能运用化学符号（化学式、反应方程式）描述常见简单物质及其变化
	素养4 科学探究与创新意识 水平1——能根据教材中给出的问题设计简单的实验方案，完成实验操作，观察物质及其变化的现象，客观地进行记录，对实验现象做出解释	根据教材给出的问题（如何测定菠菜含铁量？）设计实验方案，完成实验操作，观察物质及其变化的现象，客观记录，对现象进行解释
板块二 认识 Fe^{3+} 与 Fe^{2+} 之间的相互转化关系	素养1 宏观辨识与微观探析 水平1——能根据实验现象辨识物质及其反应，能运用化学符号描述常见简单物质及其变化，能从物质的宏观特征入手对物质及其反应进行分类和表征，能联系物质的组成和结构解释宏观现象	能根据实验现象（颜色变化）辨识物质（Fe^{3+}、Fe^{2+}）及其反应（氧化还原反应），用化学符号（反应方程式）描述常见化学变化。从物质的宏观特征入手对物质（氧化剂、还原剂）及其反应（氧化还原反应）进行分类和表征（符号表征），能联系物质的组成和结构（价电子/化合价）解释宏观现象
	素养3 证据推理与模型认知 水平2——能从宏观和微观结合上收集证据，能依据证据从不同视角分析问题，推出合理的结论	从宏观和微观结合上收集证据（颜色变化、Fe^{3+} 的特征反应），从不同角度分析问题，推出合理结论（Fe^{3+}、Fe^{2+} 的转化）
	素养4 科学探究与创新意识 水平1——能根据教材中给出的问题设计简单的实验方案，完成实验操作，观察物质及其变化的现象，客观地进行记录，对实验现象做出解释	根据教材给出的问题（补铁剂是否变质？）设计实验方案，完成实验操作，观察物质及其变化的现象，客观记录，对现象进行解释

续表

板块	化学课程标准 抽象素养水平	"铁盐和亚铁盐"教学 具体素养水平
板块三 构建与应用元素价态视角的 氧化还原转化模型	素养5 科学态度与社会责任 水平1——主动关心与环境保护、资源开发等有关的社会热点问题	主动关心与环境保护、资源开发等有关的社会热点问题(铁的防腐)
	素养5 科学态度与社会责任 水平3——具有理论联系实际的观念,有将化学成果应用于生产、生活的意识,能依据实际条件并运用所学的化学知识和方法解决生产、生活中简单的化学问题	将氧化还原转化模型知识与生产、生活实际结合;赞赏化学对人类生活和生产的贡献

课间任务

请与小组同伴一起:
- 就已有的某一教学设计为例重新划分板块并命名;
- 尝试对已划分的板块进行板块功能分析。

4.3 教学重点的提炼方法

教学重点是实现教学目标的重要课程内容和载体,是化学教师组织教学的主要线索,是促进学生构建良好认知结构的核心,科学地确定教学重点,是教学设计的重要环节,是化学教师实施高效课堂教学的基础❶。在本节中,教学重点的提炼与之前内容架构分析、板块功能分析部分有着密切关联。正因如此,教学重点的提炼将会是生成性的、有据可依的。

基于教学重点的提炼依据(见第2章),其提炼方法主要包括以下三种。

(1) 基于内容架构图进行提炼 由于教学重点是教材中最重要、最基本的中心内容,是知识结构网络中的联结点,所以可结合内容架构图进行提炼。在第3章"内容架构分析"中,依据教学内容的范畴分析与架构分析,绘制出某课时的内容架构图。其中,那些与图中其他内容联系较多的"核心"内容(即从该内容指向其他内容、其他内容指向该内容的箭头数目较多的内容)应引起足够的关注,因为教学重点往往集中分布于这些"核心"内容中。

(2) 基于板块及其联系进行提炼 在本章"板块功能分析"中,依据教学内容对某课时的板块进行命名、列出其分别对应的具体教学内容,并对板块之间的逻辑关系进行论证。然而,从板块的内容价值与逻辑关系的角度不难发现,某种板块与其他板块之间存在的紧密联系(如"承上启下")也在某种意义上表明该板块及其所涵盖教学内容的"核心"地位,从而帮助我们确定教学重点。

(3) 基于化学核心素养进行提炼 板块的划分依据不局限于学科或认知逻辑,还可从不

---

❶ 卢姗姗,毕华林."相对原子质量"教学重点的确定与课堂教学研究[J].化学教育,2012,33(9):60-63+68.

同教学内容所侧重的化学核心素养的维度或水平来划分。譬如，"宏观辨识与微观探析"的两个方面可作为两个板块划分的依据。与第一个方法类似，所有板块中较为侧重（可从出现次数与要求水平两个方面考虑）的核心素养对应的教学内容，可作为教学重点提炼的参考。化学教师在提炼教学重点时，可根据实际情况对上述方法进行单独或组合使用。

与此同时，还可以通过其他方式判断教学内容的重要性以确定教学重点。譬如，基于课标内容标准或要求的动词（如"知道""了解""理解""掌握"）对应的认知水平可大致判断该动词所带宾语（即相应的教学内容）的重要程度。另外，也可以基于知识内容的性质对重点进行判断或提炼，如物质的"化学性质"一般比"物理性质"相对更重要❶；与事实性知识相比，原理性与策略性知识更应被考虑为教学重点。

课间任务

请与小组同伴一起：
- 谈谈在已有的教学设计中如何确定教学重点；
- 讨论教学重点具有哪些特点。

---

❶ 毕华林，亓英丽. 化学教学设计——任务、策略与实践［M］. 北京：北京师范大学出版社，2013.

教学重点提炼案例解读
——以"元素周期律"主题为例

一方面,从"元素周期律"的内容架构图(见图4.3)来看,元素周期律的"位-构-性"模型位于内容架构图的核心地位,对元素周期表中元素金属性与非金属性递变规律的探究则占据了较大篇幅,可见二者的重要性。此外,从教学内容的角度出发,结合教材章引言部分可知,学生学习本节课的最终目的是认识并运用元素周期律模型。

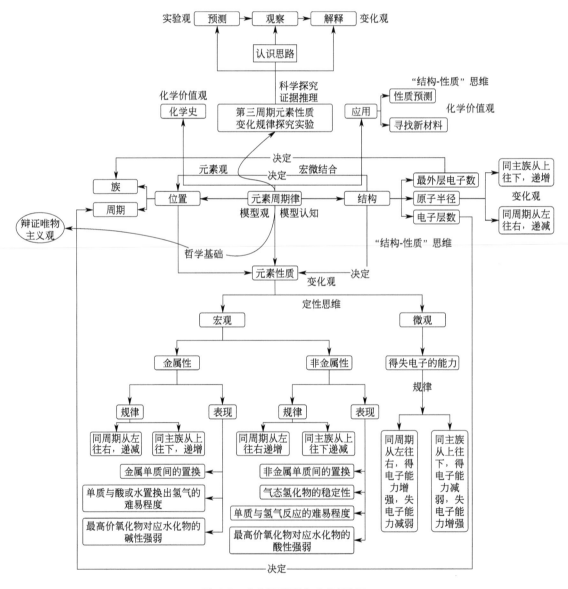

图4.3 "元素周期律"内容架构图

另一方面，正如表4.2所示，从板块划分与命名以及板块间的联系来看，"位-构-性"模型的建构板块，既是对板块一和板块二教学内容的总结，又是二者的递进板块，同时还是板块四的基础，起到了至关重要的作用。

基于上述分析，可提炼出本课时的教学重点为：①"位-构-性"认识模型的建构；②元素周期律（同主族、同周期）及其实验探究。

表4.2 "元素周期律"板块划分与命名

内容	板块一 建构"位-构"关系	板块二 建构"构-性"关系	板块三 建构"位-构-性"模型	板块四 应用"位-构-性"模型
知识-技能类	①1～20号元素的原子结构； ②原子结构随元素周期表的位置变化的变化规律	①同周期元素性质变化规律探究实验； ②元素性质递变规律	元素周期表"位-构-性"关系规律（同主族、同周期递变规律）	
思维-方法类	基于原子结构随元素周期表位置变化关系的认识模型	①元素性质随原子结构变化关系认识模型； ②基于实验事实与材料等证据进行推理	元素位置、原子结构、元素性质三者关系的认识模型（模型建构）	元素位置、原子结构、元素性质三者关系的认识模型（模型应用）
价值-观念类	变化观 微粒观	实验观	辩证唯物观 模型观	化学价值观

要点回顾

▲ 板块功能分析三步骤：在"内容架构分析"基础上依据一定的逻辑进行板块的划分和命名，随后对板块之间的逻辑关系进行论证，最后需确定各板块所承载的核心素养及素养水平。

▲ 板块划分的依据为上述内容架构分析以及概念逻辑（如并列、递进、从属）、学科逻辑、教学逻辑与认知逻辑等衔接关系。

▲ 教学重点可参考内容架构图中的中心联结点进行提炼，也可基于板块功能分析中着重凸显的内容或素养进行抽提。

▲ 基于课标内容标准或要求的行为动词对应的认知水平可帮助判断相应的教学内容的重要程度。

思考拓展

1. 板块衔接的逻辑关系可以从哪些逻辑进行论证？
2. 化学学科核心素养和具体知识之间的关系是什么？

反思活动

_____
_____
_____

 学生作业示例

第 5 章

任务分析——学习特征分析

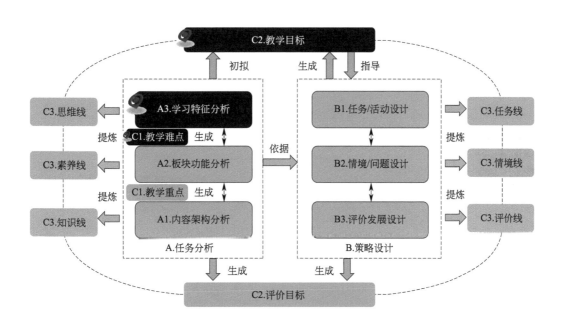

本章导读

在理论篇中已简要地介绍了教师所具有关于学生的知识（KoL）的内涵，主要包括学生在学习某一教学主题内容时的发展需求、已有基础和困难障碍三个方面。本章则将结合不同的案例，着重阐述确定学生的发展需求、已有基础和困难障碍的依据。在学习完本章内容后，结合第 4 章的板块功能分析，可提炼某一课时的教学难点。最后，综合设计篇前三章的分析内容，在所确定的发展需求的基础上可生成某一课时的迁移性教学目标。

本章导读课件

学习目标

- 能从发展需求、已有基础、困难障碍三个方面对学习特征进行分析；

- 能结合板块功能分析和学习特征分析，提炼某一化学课时的教学难点；

- 能结合提炼的教学重难点初步拟定某一化学课时的迁移性教学目标。

课前头脑风暴

- 在某一化学课时的学习中，你是如何确定学生在知识、能力、观念、价值等方面的学习特征的？请说明理由。

- 你是如何提炼教学难点的？请说明理由。

5.1 化学学习特征分析的实施步骤与案例解读

依据第 1 章化学学情知识（KoL）的界定，一般认为学生的学习特征主要包括发展需求、已有基础、困难障碍三个方面。通过学习特征的分析，不仅可从学生的实际出发确定教学的起点和难点，亦可为后续教学任务和活动的组织、教学情境和问题的设计及教学效果的评价和发展提供客观标准和依据。一般而言，学习特征的分析先从确定学生某一课时学习的发展需求（"应然"）开始，继而分析其现有的学习基础（"实然"），尤其侧重分析学生从已有基础到发展需求之间可能存在的困难障碍（见图 5.1）。

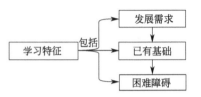

图 5.1　化学学习特征分析步骤

步骤 1：发展需求分析与案例解读

发展需求是指学生通过一定阶段的学习，"应该能做到的事或达到的素养水平"。其对应的是课程标准中的"学业要求"，即输出性要求。基于学习发展需求的分析依据（见第 2 章），其分析方法主要包括以下三种。

（1）基于主题或课时对应的学业要求及学业质量水平进行分析　课标中的学业要求与学业质量水平均为确定学生发展需求最为重要的依据。譬如，在"主题 3 物质结构基础与化学反应规律"下属的原子结构与元素周期律的学习中，学业要求包括"能用原子结构解释元素性质及其递变规律，并能结合实验及事实进行说明"等，在此对应的是学业质量水平中"宏观辨识与微观探析"和"科学探究与创新意识"的素养水平 2，即"能从原子结构视角说明元素的性质递变规律"及"能通过实验探究物质的性质和变化规律"。据此，可确定的发展需求包括"构建基于元素性质随原子结构变化关系的认识模型"及"学会基于实验事实以及相关材料分析推理得出合理结论"等。

（2）基于各板块对应的三类教学内容进行分析　在"内容架构分析"环节（第 3 章），我们将化学教学内容划分成知识-技能类、思维-方法类和价值-观念类三大类；相应地，不同类型的教学内容对应着不同指向的发展需求。因此，也可从教学内容及其架构的分析出发，确定学生的发展需求。譬如，在"元素周期律"教学设计的板块一中（见表 4.2），"知识-技能类"内容主要包括"1~20 号元素的原子结构""原子结构随元素周期表的位置变化的变化规律"；"思维-方法类"内容包括"位-构-性"关系认识模型；"价值-观念类"内容包括变化观、微粒观等。据此，可确定的发展需求包括"能够绘制 1~20 号元素的原子结构示意图""能够描述原子结构随元素周期表的位置变化的变化规律""能建构并应用'位-构-性'关系模型，进一步发展对变化观与微粒观的认识"等。

（3）基于各板块对应的素养功能及其水平进行分析　与学业质量水平相似，各板块的素养功能及其水平也为学生的学习发展需求提供重要参考。譬如，在"铁盐与亚铁盐"的教学中，可将教学板块划分为"了解 Fe^{3+} 检验的方法""认识 Fe^{3+} 与 Fe^{2+} 之间的相互转化关系"和"构建与应用元素价态视角的氧化还原转化模型"三个板块。可见，板块一侧重于宏观辨识素养，要求能比较不同 Fe^{3+} 检验方法的适用范围；板块二侧重于科学探究与创新意识素养，要求能从元素价态变化的视角设计并实施实验方案，对应着素养水平 1；板块三则在板块一和二的基础上更多地关注模型认知素养，即要求能建构基于价-类二维的物质转化模型，对应着素养水平 3。

从上述例子中不难发现，发展需求通常表述为："（能）＋行为动词＋某类教学内容"。基于布鲁姆的教育目标分类方式，并结合化学学科特点，我们将其中的"行为动词"主要分为三类，分别为认知性动词、技能性动词、体验性动词，在每一类动词中又存在着由低到高的不同水平，具体见表 5.1。三类教学内容发展需求的表述详见图 5.2～图 5.4——其中，"知识-技能类""思维-方法类""价值-观念类"教学内容分别简称为Ⅰ类、Ⅱ类与Ⅲ类教学内容。

表 5.1 不同认知水平的行为动词

行为动词类型	具体种类
认知性动词	➢ 知道、说出、书写、识别、描述、举例、列举； ➢ 认识、表示、辨识、区分、比较、鉴别； ➢ 分析、说明、解释、判断、预测、推测/断、分类、归纳、概括； ➢ 应用、运用、设计、评价、优选、优化、解决、检验、决策
技能性动词	➢ 初步学习、模仿； ➢ 初步学会、独立操作、完成、测量； ➢ 学会、掌握、迁移、灵活运用
体验性动词	➢ 感受、经历、尝试、体验、参与、交流、讨论、合作； ➢ 认同、体会、认识、关注、遵守、赞赏、重视、珍惜； ➢ 形成、养成、具有、树立、建立、保持、发展、增强

表述 1：能 ＋ 认知性行为动词 ＋ Ⅰ类教学内容
例 1：能分析电解质溶液导电与金属导电的本质区别
例 2：能举例说明胶体的典型特征
例 3：能写出丁烷与戊烷的同分异构体

表述 2：能依据/利用 ＋ Ⅰ类教学内容 A ＋ 认知性行为动词 ＋ Ⅰ类教学内容 B
例 1：能利用氧化还原反应概念对常见的反应进行分类和分析说明
例 2：能根据 NO_2 的性质，设计实验室制备 SO_2 的方案
例 3：能运用电离理论解释酸、碱、盐的本质

表述 3：技能性行为动词 ＋ Ⅰ类教学内容
例 1：初步学会配制一定物质的量浓度溶液的方法
例 2：掌握容量瓶的正确使用方法

图 5.2 侧重Ⅰ类教学内容的发展需求表述

表述1：建立/建构/形成＋××视角/思路（Ⅱ类教学内容）
例1：初步建立基于离子辨识物质间转化关系的认识视角
例2：建构基于物质类别和元素价态的铁及其化合物间相互转化的一般思路
例3：形成认识化学反应的微观视角，并建构氧化还原反应的认识模型

表述2：能从××视角（Ⅱ类教学内容）＋认知性行为动词＋Ⅰ类教学内容
例1：能从物质类别、元素价态的角度预测SO_2的化学性质
例2：能从定量的视角分析与解释化学平衡移动的方向

表述3：能运用××方法（Ⅱ类教学内容）＋认知性行为动词＋Ⅰ类教学内容
例1：能运用变量控制的方法探究温度、浓度与催化剂对化学反应速率的影响
例2：能使用溯因、类比、归纳推理方法来认识盐类水解的本质
例3：能基于模型建构的方法，区分析氢腐蚀与吸氧腐蚀的原理与适用条件

表述4：能 ＋（以动宾短语形式解构Ⅱ类教学内容）
例1：能与同伴合作设计简单实验方案，收集、描述与分析实验数据
例2：能基于实验现象和数据进行分析推理得出合理结论

图5.3 侧重Ⅱ类教学内容的发展需求表述

表述1：体验性行为动词＋Ⅲ类教学内容
例1：初步树立"量变-质变"的辩证法思想
例2：逐步建构微粒观与变化观
例3：赞赏化学在生活和工农业生产中的价值
例4：重视实验习惯的形成，养成严谨求实的实验态度
例5：体验科学探究的艰辛与喜悦

表述2：能 ＋（以动宾短语形式解构Ⅲ类教学内容）
例1：能分析化学品在生产和应用过程对社会和环境造成的影响
例2：能运用化学原理和方法对解决生产中的热点问题提出创造性的建议
例3：能主动关心并参与有关社会性议题的讨论

图5.4 侧重Ⅲ类教学内容的发展需求表述

步骤2：已有基础分析与案例解读

如果将发展需求视作学生在学习某节内容后的"应然"表现，那么已有基础则是在学习前的"实然"表现，因此学生的已有基础应是教学的起点。分析学生的已有基础即回答以下的几个问题，学生已经掌握哪些相关的具体知识或技能？已经具备哪些相关的思维方式或认识方法？已经习得哪些相关的能力？已经形成哪些相关的价值、观念与品格？对于学生已掌

握的具体知识及技能，一般可通过分析教科书内容和教学或学习经验等方法进行考量，而对于学生已具备的思维或观念等内容往往需要教师查阅相关文献或在学生已有知识的基础上进一步总结教学经验得出。

譬如，对于高中必修"氧化还原反应"第一课时的教学，首先，人教版教材提及在初中阶段，学生是通过反应中物质得氧或失氧将反应分为氧化反应和还原反应，是一种孤立水平的认识，并作为教学的起点；其次，学生在初中阶段不仅学会从物质的种类或类型视角认识反应（如四大基本反应类型），也初步学会从元素（得失）的视角认识氧化反应与还原反应，这些都为高中从元素视角（化合价变化）认识氧化还原反应奠定了良好的基础。再如，在进行"离子反应"第一课时的学生已有基础分析时，可查阅初、高中化学教科书（见图5.5～图5.6）与该课时紧密关联的内容，如复分解反应及其条件、电解质、电离及其方程式；还可通过查阅初中课标中的"科学探究""物质的化学变化"与"物质构成的奥秘"等相关主题（图5.7），再据此综合确定学习基础。

> 分析上述反应，它们都发生在溶液中，都是<u>由两种化合物互相交换成分，生成另外两种化合物的反应，这样的反应叫做复分解反应</u>。
>
> **三、复分解反应发生的条件**
>
> 🧪 **实验11-3** 向两支各盛有少量硫酸铜溶液的试管中分别滴加氢氧化钠溶液和氯化钡溶液，观察现象并填写下表。
>
> | | CuSO$_4$溶液+NaOH溶液 | CuSO$_4$溶液+BaCl$_2$溶液 |
> | --- | --- | --- |
> | 现象 | | |
> | 化学方程式 | | CuSO$_4$ + BaCl$_2$ == BaSO$_4$↓ + CuCl$_2$ |
>
> 💭 **讨论**
>
> 1. 上述两个反应是否属于复分解反应？观察到的现象有什么共同之处？
>
> 2. 前面学过的酸碱中和反应是否也属于复分解反应？生成物中同样的生成物是什么？
>
> 3. 碳酸钠、碳酸钙等含碳酸根的盐溶液与盐酸发生复分解反应时，可观察到的共同现象是什么？
>
> <u>酸、碱、盐之间并不是都能发生复分解反应。只有当两种化合物互相交换成分，生成物中有沉淀或有气体或有水生成时，复分解反应才可以发生。</u>

图5.5 与"离子反应"有关的初中化学教科书内容（节选）

结合初中做过的物质导电性实验，我们知道盐酸、NaOH溶液、NaCl溶液等都能导电。不仅如此，如果将NaCl、KNO_3、NaOH等固体分别加热至熔化，它们也都能导电。这种在水溶液里或熔融状态下能够导电的化合物叫做电解质。

电解质　electrolyte

当将NaCl固体加入水中时，在水分子的作用下，Na^+和Cl^-脱离NaCl固体的表面，进入水中，形成能够自由移动的水合钠离子和水合氯离子（如图1-11）。

图1-11　NaCl固体在水中的溶解和形成水合离子示意图

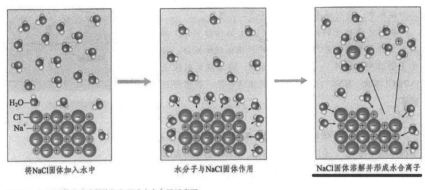

图 5.6　与“离子反应”有关的高中化学教科书内容（节选）

一、科学探究

（一）增进对科学探究的理解

1. 体验到科学探究是人们获取科学知识、认识客观世界的重要途径。

2. 知道科学探究可以通过实验、观察等多种手段获取事实和证据。

3. 认识到科学探究既需要观察和实验，又需要进行推理和判断。

三、物质构成的奥秘

（二）微粒构成物质

1. 认识物质的微粒性，知道分子、原子、离子等都是构成物质的微粒。

2. 能用微粒的观点解释某些常见的现象。

四、物质的化学变化

（二）认识几种化学反应

1. 初步认识常见的化合反应、分解反应、置换反应和复分解反应，能用于解释日常生活中的一些化学现象。

图 5.7　与“离子反应”有关的初中化学课标内容（节选）

基于对化学教科书与课标有关内容的分析，学生在学习该课时前可能具备以下基础。

(1) "知识-技能类"内容的已有基础　在高中化学必修第一册第一章第二节第一课时"电解质的电离"中，已经学过电解质的概念、电解质在水溶液中可以电离出阴阳离子的知识，可以向"认识电解质在水溶液中的行为与变化"发展；在初中化学第十一章"盐化肥"中的"课题1 生活中常见的盐"中学习过复分解反应的定义及其发生的条件，可以向"从微粒角度认识复分解反应"发展。

(2) "思维-方法类"内容的已有基础　已具备从宏观角度认识化学变化的思维方式，并能运用实验、观察等方法获取信息；初步具备从微粒角度（微观角度）认识化学物质的思维方式（知道物质是由微粒构成的，可以用微粒的观念解释常见现象），可以向"从宏观和微观视角共同认识物质性质及其变化"发展。

(3) "价值-观念类"内容的已有基础　已初步体会实验在化学科学中的重要性和意义，可以向"能意识到实验现象是科学推理的直接证据之一"发展；能初步用微粒的观念去学习化学，知道化学研究包含对物质组成的微观研究，可以向"从微粒角度描述化学变化、溶液中的微粒行为"发展。

步骤3：困难障碍分析与案例解读

在分析完学生的发展需求（"应然"）与已有基础（"实然"）后，教师需要重点分析学生从"实然"向"应然"发展可能会面临的困难或障碍，从而为后期的"策略设计"子系统的运行提供方向与思路。与前面两种学习特征分析相似，困难障碍分析可考虑结合三类化学教学内容展开。具体来说，教师可基于研究文献、教学经验以及课前调查或诊断等方式探查学生关于某课时的化学学习困难或障碍及其背后的原因等。下面将以"文献研读"方式为例介绍如何进行困难障碍分析。例如，在进行选择性必修课程的"原电池"第一课时学习前，为了更好地了解学生可能存在的学习困难或障碍，可通过查阅实证或教学研究文献，以更全面与系统地梳理较常见的迷思概念或认识误区以及情感方面的困难障碍。

如图5.8所示，学生对盐桥及其作用存在着认知偏差。产生该现象的原因可能有二：一方面学生并未能结合"电解质"的相关知识认识离子导体（包括电解质溶液、熔融电解质、盐桥等），对离子导体的理解不够全面；另一方面学生并未能正确理解盐桥的工作机理，即它是如何辅助内电路自由离子定向移动的。

另外，虽已建立起氧化还原反应与原电池的联系，能对简单原电池装置进行分析，但对原电池的构成要素存在着认知偏差，如简单地认为电极一定参与反应等。与此同时，学生在必修阶段并未形成完善的认识原电池的思路，未能熟练应用原电池模型解决陌生原电池装置中的实际问题，其情境识别能力和知识迁移能力相对较差，这可能与学生未能真正从原理维度和模型维度认识原电池有关。此外，高二学生对原电池内容的学习兴趣相对不足（见图5.9）。

[文献1]❶

6.7%的同学认为盐桥中的阳离子能吸引电子从电池的一极流向另一极，因此帮助电子流动，3.8%的同学认为盐桥允许阴阳离子在两个半电池中进出。

[文献2]❷

学生对半电池、盐桥、内电路、外电路等概念模糊不清，理解不透。特别是对半电池、盐桥的引入和作用产生模糊认识，不能理解掌握。大部分学生对双液原电池（带盐桥的原电池）能够产生电流产生怀疑，不能理解原理。

学生们经常抱怨，原电池的工作原理、构成条件已经明白了，也会写了，但一遇到某一具体的问题，仍感到无从下手，错误频出。如 Zn 和稀 H_2SO_4 反应时，滴入少量硫酸铜溶液后反应速率会加快，学生们联想不到利用了原电池原理。这说明学生还没有建立起有效的联系，没有把握好本质，解题的思路和方法不科学。

[文献3]❸

还有部分同学对盐桥为什么能保持两池溶液电中性和保持电中性的原因无法理解。

[文献4]❹

让分析一个原电池，学生常常不知从何入手，语言之间缺乏相应的逻辑联系。其根源是没抓住问题的本质，只是看到复杂多变的表象，不能从得失电子的起点来分析问题。没有从根源上认识到，因为有自发的氧化还原反应，才有原电池。

图 5.8　高二学生"原电池"认识误区（文献节选）

[文献1]❺

访谈结果表明，学生对这部分知识普遍缺乏兴趣，对原电池知识在解决日常生活问题中的价值缺少充分的认识。

[文献2]❻

学生在回答第 1 题你对"电化学"学习兴趣如何时，36.4%的学生表示自己学习"电化学"知识为了应付考试，6.5%的学生表示对"电化学"学习毫无兴趣；第 2 题中 33.65%的学生连课本上的"电化学"内容都毫无兴趣，9.3%的学生"电化学"教材内容毫不关注；第 3 题是关于学生"电化学"学习中的上课状态，21.5%的学生不能保持认真状态。

图 5.9　高二学生"原电池"情感方面的学习困难（文献节选）

综上，高二学生学习"原电池"第一课时可能存在如下困难障碍：（1）"知识-技能类"内容困难障碍——对原电池的构成要素、盐桥及其作用存在着认知偏差；（2）"思维-方法类"内容困难障碍——尚未发展出清晰的认识原电池的思路，且情境识别能力与知识迁移能力较差；（3）"价值-观念类"内容困难障碍——未充分认识原电池的功能价值，且模型观水平相对较低。这些困难障碍的识别也为该课时教学难点的提炼提供了重要的参考。

---

❶ 闫婷婷. 不同教学策略对电化学迷思概念转变的有效性研究 [D]. 临汾：山西师范大学，2018.
❷ 刘胜文. 高二学生"原电池"前概念测查与教学研究 [D]. 吉林：山东师范大学，2013.
❸ 程宏伟. 高二学生"电化学"学习困难成因及对策分析 [D]. 武汉：华中师范大学，2019.
❹ 程俊. 基于学生认知障碍的原电池教学策略与实践探索 [J]. 化学教与学，2020，（10）：2-6.
❺ 李淑荣. "原电池"学习困难情况调查与教学策略研究 [D]. 吉林：东北师范大学，2011.
❻ 程宏伟. 高二学生"电化学"学习困难成因及对策分析 [D]. 武汉：华中师范大学，2019.

 课间任务

请与小组同伴一起：
- 讨论学习特征所包含的三个方面的逻辑关系；
- 谈谈在现阶段如何尽可能搜集资料进行学习特征分析。

5.2 教学难点的提炼方法与案例解读

在教学中能充分准确地把握并解决学生学习化学的难点，是达成教学目标的重要前提。一般意义上的教学难点即学生感到难以理解或难以掌握的学习内容，它一般为教科书中比较抽象的内容、容易混淆的内容、综合性较高的内容、认知要求较高的内容等。另外，某些学习内容可能会因为学生缺少必备的知识或经验而成为难点。因此，教师需要根据教学内容的特点及其素养水平要求，以及学生的已有基础来确定教学难点。相应地，教学难点的提炼方法至少包括以下四种。

（1）基于板块功能分析进行提炼　如前所述，板块所侧重化学核心素养的维度，可作为板块划分的依据，而板块所涉及化学核心素养的水平，则可以作为教学难点的确定依据。一般而言，涉及素养水平较高（如水平3、水平4）的教学内容，往往是化学教学中需要突破的难点。

（2）基于学业要求进行提炼　在本章"学习特征分析"中提到发展需求的表述词（认知性动词、技能性动词和体验性动词）包含着水平由低到高的不同层次。结合化学课程标准中对某一主题教学内容的学业要求来看，行为动词体现出的要求不仅反映了该内容对于学生发展需求的重要程度差异，同时也可以体现出学生在学习该内容时的难易程度，因此常常能帮助我们提炼教学难点。譬如，图5.10是主题2"常见的无机物及其应用"中列出的部分学业要求，其中标注下划线的行为动词相对其他动词而言，对学生在学习完该主题内容之后"应该能"做到的事情（即"输出性"要求）要求较高，这为教学难点的提炼提供了另一种思路。

---

1. 能依据物质类别和元素价态列举某种元素的典型代表物。能利用电离、离子反应、氧化还原反应等概念对常见的反应进行<u>分类</u>和<u>分析</u>说明。能用电离方程式表示某些酸、碱、盐的电离。能举例说明胶体的典型特征。

2. 能列举、描述、辨识典型物质重要的物理和化学性质及实验现象。能用化学方程式、离子方程式正确<u>表示</u>典型物质的主要化学性质。

3. 能从物质类别、元素价态的角度，依据复分解反应和氧化还原反应原理，<u>预测</u>物质的化学性质和变化，<u>设计</u>实验进行初步验证，并能分析、<u>解释</u>有关实验现象。

4. 能利用典型代表物的性质和反应，<u>设计</u>常见物质制备、分离、提纯、检验等简单任务的方案。能从物质类别和元素价态变化的视角<u>说明</u>物质的转化路径。

图5.10　高中化学必修主题2的学业要求（节选）

（3）基于文献分析进行提炼。第三种方法是基于文献的分析，文献是一种同行教师对自

身教学经验的文本化呈现。合理借助相关文献进行备课，借鉴前人在探查学生迷思概念、学习困难以及针对某个主题或课时较为有效的教学思路等方面的成果。尤其是涉及较多迷思概念的教学内容，往往需要化学教师在备课过程中着重关注。

(4) 基于经验诊断进行提炼。第四种方法则是基于自身教学经验，联系学科知识、课程要求与学生知识，对学情进行诊断，找出学生可能存在的困难所在。

以"电解质"主题为例介绍如何综合板块功能分析、学业要求分析以及文献分析这三种依据提炼教学难点，具体提炼过程如表5.2所示。

表 5.2 "电解质"主题教学难点提炼

提炼依据		具体内容
基于板块功能	"宏观辨识与微观探析"素养水平2： ①能根据实验现象归纳物质及其反应的类型； ②能运用微粒结构图示描述物质及其变化的过程	①根据系列物质的导电现象，归纳电解质与非电解质的概念； ②运用电离模型描述电解质在水溶液或熔融状态下导电的变化过程
基于学业要求	①能利用电离、离子反应、氧化还原反应等概念对常见的反应进行分类和分析说明； ②能用电离方程式表示某些酸、碱、盐的电离	①利用电离概念对反应进行分类和说明； ②认识电解质的概念
基于文献分析	"发现学生往往混淆了电解质和非电解质2个概念，通常认为电解质溶液不能导电……同时研究发现学生普遍认为电流使电解质分解，从而形成阴离子和阳离子……大部分学生不能将溶液的导电性和自由移动的离子建立起联系"❶	①电解质、非电解质概念的判断与区分； ②难以在溶液的导电性与自由移动的离子之间建立联系
教学难点	(1)电解质与非电解质概念的建构； (2)电解质电离的微观过程	

课间任务

请与小组同伴一起：
- 讨论教学重点与教学难点之间的区别与联系。

5.3 迁移性教学目标的提炼与案例解读

横向梳理各板块教学内容的内在逻辑及其所承载的发展需求，不仅是学习特征分析的重要内容之一，也是提炼教学难点和撰写"迁移性教学目标"的基础。在提炼出该课时的教学重难点之后，便可初步拟定迁移性教学目标（侧重知识迁移应用的教学目标），而完整的教学目标需要结合基于教学内容设计的任务活动或情境予以补充。

迁移性教学目标常表述为："（能）＋素养表现的能力要求＋教学内容（名词）"，如图5.11所示。

---

❶ 卢姗姗，毕华林. 化学学习中"电解质"概念相异构想的跨年级研究[J]. 化学教育，2013，12(34)：36-40,49.

> 例1：能比较和分析铁盐、亚铁盐与碱反应实验现象的异同
> 例2：建立基于离子辨识物质间转化关系的认识视角
> 例3：体会铁及其化合物的性质在日常生活中的重要价值

图 5.11 迁移性教学目标示例

另外，图 5.12 展示的是高中化学选择性必修 3 中"研究有机化合物的一般步骤与方法"主题第二课时的三个教学板块分别对应的迁移性教学目标。不难发现，迁移性教学目标的撰写与前述学习特征分析中的"发展需求"的表述基本相似（详见图 5.2～图 5.4）。需要注意的是，有时仍需根据具体的学情，如学生的接受能力、认知特点、学习动机等，进行相应调整或修改。

板块	化学教学目标	类型
板块一：元素分析 ——确定实验式	能够使用燃烧法原理设计确定有机物元素组成的实验方案，根据实验现象定量计算得出有机物的实验式。	迁移性 化学教学目标
板块二：测定相对分子质量方法 ——确定分子式	能够通过质谱图确定有机物的相对分子质量，并结合元素分析证据计算出有机物的分子式。	迁移性 化学教学目标
板块三：分子结构的鉴定 ——确定分子结构	能够通过红外光谱与核磁共振氢谱判断有机物的分子结构。	迁移性 化学教学目标

图 5.12 "研究有机化合物的一般步骤与方法"的迁移性教学目标

课间任务

请与小组同伴一起：
- 讨论教学目标可以如何分类；
- 谈谈迁移性教学目标相较于建构性教学目标的特点。

要点回顾

- 化学学习特征的分析主要包括发展需求、已有基础和困难障碍三个方面。其中需重点分析学生从已有基础到发展需求之间可能存在的困难障碍。
- 课标内容、教材内容及其编排逻辑、已有文献等资料是进行学习特征分析的重要依据。
- 发展需求的通常表述为："（能）＋ 行为动词 ＋ 某类教学内容"。不同的教学内容对应着不同类型的行为动词，同时也存在着由低到高的不同水平。

🧪 教学难点可综合核心板块的功能分析、化学课程标准的学业要求、已有文献和教学经验等内容进行提炼。

🧪 在学习特征分析之后就可初步撰写迁移性教学目标。迁移性教学目标常表述为："（能）＋素养表现的能力要求＋教学内容（名词）"。

 思考拓展

学生的发展需求、已有基础和困难障碍之间有什么关系？在同一课题的新授课与复习课中，学生的学习特征有何不同？

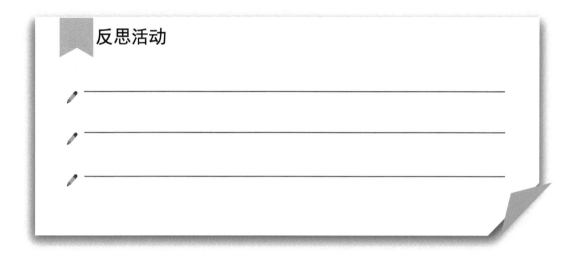

反思活动

 学生作业示例

第 6 章

策略设计——任务/活动设计

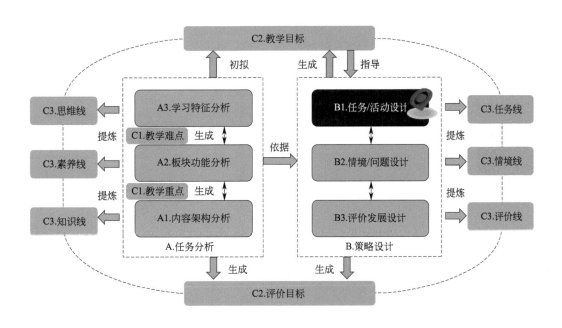

本章导读

前面的章节主要讨论了"学什么"的问题，本章的任务/活动设计部分主要讨论"怎么学"的问题。本章主要包含任务设计与活动设计部分。教师需结合板块化教学理论，设计某课时每个教学板块对应的化学学习任务与活动。并基于板块功能分析与学习特征分析，论证所设计的任务/活动的合理性。本章将通过呈现部分课程内容的化学学习任务/活动的设计案例，以说明其设计依据与实施步骤。

本章导读课件

学习目标

🧪 能说明化学学习任务、活动与其他课堂要素的联系；

🧪 能基于板块化教学理论设计某课时每个教学板块对应的化学学习任务、活动；

🧪 能基于板块功能、学习特征等分析，论证所设计的任务、活动的合理性。

课前头脑风暴

🧪 你会如何设计某一课时的学习任务、活动？

🧪 你所设计的任务、活动的依据是什么？

6.1 化学学习任务/活动设计的方法与案例

任务/活动设计主要包括任务设计与活动设计,是为了实现一定的教学目标以及落实某些内容而对师生共同完成学习课题及其步骤、行为的设计。如图6.1所示,教学目标与任务/活动之间存在相互影响——在第5章提炼的迁移性教学目标有助于指导化学学习任务或活动的设计以及情境或问题(见第7章)的设计;任务/活动的设计又有助于补充教学目标的内涵,即从知识建构的角度提炼建构性教学目标。

基于CPU系统设计理论,化学学习任务或活动可基于前述教学内容架构分析(第3章)、各板块对应的教学内容及其素养功能分析(第4章)、学生的困难障碍与发展需求分析(第5章)等进行设计。同时,课标中的"教学策略"

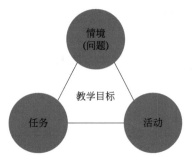

图6.1 情境、任务和活动与教学目标的关系

或"学习活动建议"等栏目也对学习任务或活动的设计具有借鉴作用。考虑到"任务/活动设计"这一环节是在整个"任务分析"的基础上进行的,因此以下将结合三个案例介绍如何整合"内容架构分析""板块功能分析"与"学习特征分析"等成果综合设计化学学习任务/活动。

6.2 化学学习任务/活动的设计案例

在设计案例1中,通过对板块素养功能的分析可将"氧化还原反应"教学内容分为三个板块,且每个板块需设计有效的学习任务以落实相应的素养功能(图6.2)。譬如,为落实板块一的"宏观辨识"与"科学探究"素养功能,即要求学生能从不同层次认识物质的多样性并对物质进行分类,以及认识科学探究是进行科学解释和发现的科学实践活动等(即学习发展需求),在该板块设计学习任务1("实验探究食品脱氧剂的作用")。板块二中的学习任务2("揭示氧化还原反应本质")与学习任务3("建立氧化还原反应认识模型")则主要基于该板块内容承载的"微观探析"与"模型认知"素养功能而设计。类似地,针对学生

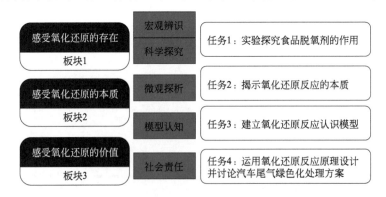

图6.2 任务设计案例1

的真实问题解决能力不足（困难障碍）这一现状，在板块三中设计学习任务4（"运用氧化还原反应原理设计并讨论汽车尾气绿色化处理方案"），同时有助于落实"社会责任"素养。

在设计案例2中，主要基于"铁的化合物"课时教学内容的四个板块，并结合化学必修教科书内容的编排顺序（第一册第三章第一节第二部分）与课程标准中的"教学策略"（如"发挥核心概念对元素化合物学习的指导作用"与"重视开展高水平的实验探究活动"）以及"学习活动建议"（如"铁及其化合物的性质实验"与"氢氧化亚铁的制备"）设计七个学习任务（图6.3）。值得一提的是，最后一个学习任务（"建构基于元素价态与物质类别的认识思路"）在传统教学中往往容易被忽略，但该学习任务非常有助于解决中学生化学知识关联与认识思路结构化水平不高的问题（即学习困难障碍），尤其有助于"宏观辨识与微观探析"和"模型认知"素养的落实。

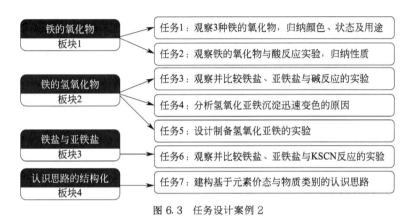

图6.3　任务设计案例2

设计案例3（图6.4）选自"化学反应与热能"主题教学内容的第一个板块（"感受化学反应中能量变化的存在"），其中第一个学习任务"找出即热饭盒会有温度变化的原因"的设计主要用于落实"宏观辨识""变化观念"与"社会责任"等素养。综合考虑其素养功能、学生已有的收集资料与思考讨论的能力以及课标中的教学策略（"重视真实情境"）与学习活动建议（调查与交流讨论），可以将该学习任务解构设计为三个学习活动："活动1.1——学生收集资料，查看即热饭盒成分表""活动1.2——学生讨论并思考与主要成分有何联系，得出化学反应导致热量变化因而持续发热的结论"和"活动1.3——教师对学生的回答给予鼓励性评价，并进行更深层次的学习"。

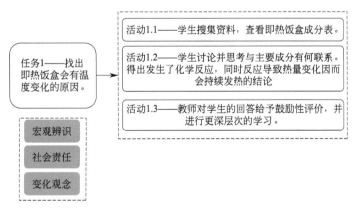

图6.4　"化学反应与热能"的板块活动设计

课间任务

请与小组同伴一起：
🧪 讨论教学任务、活动之间的关系。

 要点回顾

🧪 化学学习任务/活动设计是为了实现一定的教学目标以及落实某些内容而对师生共同完成学习课题及其步骤、行为的设计，是建构性教学目标的重要内涵。

🧪 化学学习任务/活动可基于教学内容架构分析、板块功能分析和学习特征分析等内容进行综合设计。

🧪 化学学习任务/活动的设计也可参考课标中的"教学策略"或"学习活动建议"等栏目。

🧪 基于高阶思维设计的化学学习任务/活动是落实化学学科核心素养的重要抓手。

 思考拓展

请设计并论证必修模块中"铁盐与亚铁盐"主题的化学学习任务与活动

反思活动

_____

_____

_____

第 7 章
策略设计——情境/问题设计

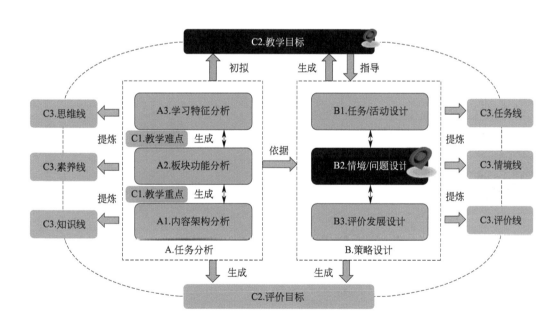

本章导读

本章的情境与问题设计部分同样讨论"怎么学"的问题。教师需结合板块化教学理论，以及第 6 章的化学学习任务/活动设计，继而设计某课时每个教学板块对应的化学学习情境与问题；说明所使用的教学情境的布局方式；基于板块功能分析与学习特征分析，论证所设计的情境与问题的合理性。之后再结合第 3 章的内容架构分析与第 5 章的发展需求，进一步提炼与撰写出建构性与迁移性教学目标。本章将通过呈现部分课程内容的化学学习情境/问题与教学目标的设计案例，以说明其设计依据与实施步骤。

本章导读课件

学习目标

🔬 能基于板块化教学理论，设计某一课时中与每个教学板块对应的教学情境及问题。

🔬 能说明所设计的情境的布局方式。

🔬 能基于板块功能、学习特征等分析，论证所设计的情境及问题的合理性。

🔬 能基于所分析、提炼的内容设计并撰写建构性教学目标。

🔬 你会如何设计某一课时的教学情境（包括情境的布局方式）与问题？

🔬 你所设计的情境、问题的依据是什么？

🔬 你会如何设计、撰写教学目标？

7.1 化学教学情境/问题设计的依据

在第 6 章介绍了化学学习任务或活动的设计,接下来是达成教学目标的第三个要素:情境。同样是如图 7.1 所示的三角关系图,可以知道,三者都是要基于教学目标分析设计的。任务、活动需要情境作为载体,去开展、完成。

化学教学情境是指教师(简称 T)在化学课堂教学中,为引发学生(简称 S)积极主动地发现学习问题、进行化学学习活动、完成特定的化学学习任务、实现一定的化学教学目标而创设的化学学习氛围或化学学习环境❶。这种学习氛围或环境能够激发学生产生积极主动学习的动力。"情境问题"围绕着"教学目标"而设计,是"任务活动"的载体。情境设计的依据主要是任务活动与课程标准中"情境素材建议"或素材资源搜索;同时,板块对应的教学内容(A2)、板块的素养功能(A2)、迁移性教学目标或发展需求(A3)以及学习困难障碍(A3)亦可作为情境设计的依据。

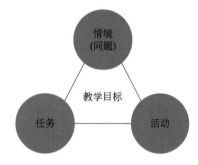

图 7.1 情境、任务和活动与教学目标的关系

7.2 化学教学情境/问题的设计实施步骤及案例

【设计案例 1】

在如表 7.1 和表 7.2 所示的有关原电池的教学设计片段的"板块一:评价单液原电池模型"中,基于相应的发展需求、已有基础、困难障碍以及相应的任务活动,可以设计出采用了生活生产类素材的相关情境。同时基于已有情境,可以设计出与情境相匹配的问题。

表 7.1 "原电池"的板块任务活动呈现

B 策略设计	板块一:评价单液原电池模型
B1 任务活动设计(KoS-CTO) (6)基于各板块教学内容的任务设计 (可参考课标"教学策略"、PCK 课件中 KoS)	任务 1.1:回顾"锌-铜-硫酸铜"原电池的构成要素及工作原理 任务 1.2:发现单液原电池的不足
基于各任务的教与学活动设计 (可参考"学习活动建议"、PCK 课件中 KoS)	任务 1.1:回顾"锌-铜-硫酸铜"原电池的构成要素及工作原理 活动 1.1.1:T 展示日常生活中的电池,激发 S 学习兴趣,引出学习内容——原电池的原理。 活动 1.1.2:S 小组合作,运用 T 提供的实验用品搭建"锌-铜-硫酸铜"原电池装置模型。

---

❶ 郑长龙."素养为本"的化学课堂教学的设计与实施[J].课程·教材·教法,2018,38(4):71-78.

续表

B.策略设计	板块一:评价单液原电池模型	
基于各任务的教与学活动设计（可参考"学习活动建议"、PCK课件中 KoS）	活动 1.1.3:S 交流讨论,并派代表分析、解释"锌-铜-硫酸铜"原电池如何实现化学能转化为电能。	
	任务 1.2:发现单液原电池的不足	
	活动 1.2.1:T 让 S 记录原电池装置中电流表的示数。	
	活动 1.2.2:T 记录"锌-铜-硫酸铜"原电池电流表示数,发现"锌-铜-硫酸铜"原电池中存在电流不稳定的现象。	
	活动 1.2.3:T 提供文献资料卡片,提出原电池存在电流衰减的缺点。	

表 7.2 "原电池"的板块情境问题设计

		板块一:评价单液原电池模型
【任务 1.1】回顾"锌-铜-硫酸铜"原电池的构成要素及工作原理	发展需求	【知识-技能类】能认识到电极反应、电极材料、离子导体、电子导体是原电池的基本构成要素。
	已有基础	【知识-技能类】通过必修第二册的学习,能辨识简单原电池的构成要素,并能从氧化还原反应的角度分析简单原电池的工作原理。 【知识-技能类】知道化学反应可以实现化学能与其他形式能量的转化,知道原电池是将化学能转化为电能的装置。
	困难障碍	没有形成稳定的认识原电池的思路,情境识别能力和知识迁移能力较差。
	情境	【生活生产类素材】电池在生活中的应用非常普遍,比如遥控器中的干电池,汽车中的铅蓄电池,电子产品中常用的锂电池。这些电池都是依据原电池的原理制成的。
	活动	活动 1.1.1:T 展示日常生活中的电池,激发 S 学习兴趣,引出学习内容——原电池的原理。 活动 1.1.2:S 小组合作,运用 T 提供的实验用品搭建"锌-铜-硫酸铜"原电池装置模型。 活动 1.1.3:S 交流讨论,并派代表分析、解释"锌-铜-硫酸铜"原电池如何实现化学能转化为电能。
	问题	问题 1.1.1:"锌-铜-硫酸铜"原电池由哪几部分构成? 问题 1.1.2:"锌-铜-硫酸铜"原电池如何实现化学能转化为电能?

◆ 化学教学情境素材

在教学中经常需要创设情境,教师需要知道有哪些情境是可以创设的,换句话说,教师该如何寻找并选择以及使用情境素材呢?化学教学情境中的素材是化学教学情境的关键组分,情境素材的选择很大程度上决定了教学情境的效果。化学教学中可利用的情境素材种类繁多。

不同学者从不同视角对情境素材进行了分类。譬如,郑长龙教授从化学日常教学出发,将化学教学情境素材分为与生活相关的化学教学情境素材、与工农业生产及科学技术相关的化学教学情境素材、学生已有的知识基础类化学教学情境素材、化学史类化学教学情境素材、实验类化学教学情境素材、社会问题类化学教学情境素材 6 类化学教学中常见的情境素材。又如,江合佩老师从高考题中的情境素材出发,将化学教学中的真实情境素材分为学科发展类、生活实践类以及学习探索类 3 大类素材。其中,学科发展类素材包括化学史料、学术探索等;生活实践类素材包括日常生活中食物营养、合成药物、常见材料以及能量转化等,生产环保中的自然资源利用、生产条件优化、废物回收利用以及毒害物质处理等;学习探索类素材包括实验探究中的定性与定量探究、物质制备与纯化以及探索反应规律,还包括教材中提供的学习探索素材等。

结合"素养为本"的新课改视角与日常教学视角可将化学教学情境素材分为社会新闻类、生活生产类、科学技术类、知识基础类、学科交叉类、化学史实类、实验探究类以及科学研究类8类，如图7.2和图7.3所示。以下将结合化学教学情境的设计依据，对部分情境素材及其来源进行简单举例说明。

```
社会新闻类素材——如：酸雨防治、尾气处理、能源利用
生活生产类素材——如：84消毒液、制碱工业、化肥生产
科学技术类素材——如：应用于航空业的金属材料
知识基础类素材——如：已学的有关知识、思维或观念
```

图 7.2 不同类型的情境素材示例（1）

```
学科交叉类素材——如：古诗化学、数学集合与反应类型
化学史实类素材——如：氯气的发现与性质、氧化还原反应
实验探究类素材——如：盐溶液的酸碱性、吹气生火
科学研究类素材——如：苯的结构的测定、青蒿素的研究
```

图 7.3 不同类型的情境素材示例（2）

设计者可以通过浏览相关新闻媒体的出版物或网站，寻找与化学学习内容相匹配的社会热点素材，例如与氮、硫氧化物密切相关的酸雨防治、尾气处理问题等素材。

在如今科学和学科不断发展的时代，对化学学科学习内容的设计也应适当地结合学科前沿与学科交叉的情境素材。设计者可以查找学科相应的前沿热点内容以及学科交叉类型的素材。例如，"嫦娥五号"等相关热点内容可以作为无机金属材料等内容学习的素材；《石灰吟》中相关诗句作为钙的化合物性质内容学习的素材；在学生进入高中阶段就学习的数学学科必修部分内容中"集合"的内容，可以与化学反应分类内容的学习紧密结合。

化学史对于学生科学本质的理解具有重要作用，并且能促进学生对一些较抽象概念的理解。因此，善用化学史相关素材对于教师的教学有着重要作用。设计者可以查阅并总结氧化还原反应、质量守恒定律等相关化学史，作为情境素材促进学生对概念的学习。

值得注意的是，知识类内容也可以作为情境素材，换句话说，不一定只有热点事件、探究活动等才能作为情境素材。例如，可以基于学生在"弱电解质的电离"中学习的内容及视角（溶质视角），过渡到"水的电离以及溶液的pH"部分的学习（溶剂视角），甚至是在"盐类的水解"部分的学习（溶质与溶剂相互作用视角）。类似"学生以往学习了什么"这样的素材容易被忽略，设计者应加以注意。同时，从该例子可以发现，除了知识类素材，设计者也可用思维、观念、情感类素材导入。"水溶液中的离子反应与平衡"章节中就运用了思维导入。除了上述提及的几种情境素材来源，教材中的探究栏目（如人教版2019版高中化学必修第1册第70页的"利用覆铜板制作图案"栏目）、课程标准中的"情境素材建议"栏目同样可以成为情境素材的来源。

◆ 化学教学情境的布局

除了情境素材的选择，设计者还需要对设计中的若干情境素材的衔接进行设计，同时提出基于设计依据的情境问题。本小节将通过例子说明情境素材及其问题的若干种布局方式。

总的来说，情境的布局方式主要有简单型和复杂型两种。"简单型"布局有导入式、迁移式与呼应式三种布局方式。例如：教师以"喝酒脸红"素材及其问题进行导课，接着学生进行乙醇性质学习，这种布局属于"导入式"；学完乙醇性质，结课时引入"喝酒脸红"素材及问题，属于"呼应式"布局；而在引入后，进行知识学习后再迁移应用，属于"迁移式"布局。

"复杂型"布局有交替式、关联式与贯穿式三种布局方式。"交替式"是指在板块之间交替使用不同类型的情境素材；"关联式"是指在板块之间关联使用相同类型的情境素材；"贯穿式"是指自始至终均使用同一情境素材。

【设计案例2】

如图7.4所示，此案例是"交替式"的情境布局在"氧化还原反应"的教学设计中的体现。在板块一中使用生活类情境素材：日常生活中的氧化还原反应；在板块二中使用知识类情境素材：初中知识、化合价、电子转移；在板块三中使用化学史情境素材："氧化还原反应"的认识发展史；在板块四中使用社会问题情境素材：汽车尾气处理。

> 板块一：生活类情境素材（日常生活中的氧化还原反应）
> 板块二：知识类情境素材（初中知识、化合价、电子转移）
> 板块三：化学史情境素材（"氧化还原反应"的认识发展史）
> 板块四：社会问题情境素材（汽车尾气处理）

图7.4 "交替式"情境布局呈现示例

【设计案例3】

如图7.5所示，此案例是"关联式"的情境布局在"氯气"的教学设计中的体现。在示例中每个板块均使用了化学史实类素材。在板块一中教师使用1774年舍勒发现氯气的化学史实，学生学习Cl_2的物理性质；在板块二中教师使用1785年贝托莱证实氯水具有漂白作用的化学史实，学生学习Cl_2与H_2O的反应；在板块三中教师使用1789年台耐特利用Cl_2制得漂白粉的化学史实，学生学习Cl_2与$Ca(OH)_2$的反应原理；在板块四中教师使用1790年吕萨克用Cl_2制得盐酸的化学史实，学生学习Cl_2与非金属单质反应；在板块五中教师使用1810年戴维证明这种气体是单质并命名的化学史实，学生再次对Cl_2进行认识。

> 板块一：1774年舍勒发现氯气（Cl_2的物理性质）
> 板块二：1785年贝托莱证实氯水具有漂白作用（Cl_2+H_2O）
> 板块三：1789年台耐特利用Cl_2制得漂白粉 [$Cl_2+Ca(OH)_2$]
> 板块四：1790年吕萨克用Cl_2制得盐酸（Cl_2与非金属单质反应）
> 板块五：1810年戴维证明这种气体是单质并命名（Cl_2的认识）

图7.5 "关联式"情境布局呈现示例

【设计案例4】

如图 7.6 所示，此案例是"贯穿式"的情境布局在"铁盐与亚铁盐"的教学设计中的体现。如图 7.6 所示，在三个板块中均使用了"补铁剂"这一生活类情境素材并提出相应的问题。

> 板块一：补铁剂是否含Fe^{3+}？（Fe^{3+}的检验）
> 板块二：补铁剂是否含Fe^{2+}？（Fe^{2+}转化为Fe^{3+}）
> 板块三：如何保存补铁剂（Fe^{3+}转化为Fe^{2+}）

图 7.6 "贯穿式"情境布局呈现示例

需要说明的是，任务、活动、情境与素养是"四位一体"的关系。"四位一体"意味着任务、活动、情境与素养关系融洽、相互支持。情境问题能引发学生的认知兴趣与认知冲突；活动、任务引导学生自主建构，在自主建构中体现、发展、提升素养。

同时，设计任务、活动、情境的顺序是灵活可变的，可根据自身的教学风格和教学内容的不同进行改变。并非一定要先基于板块、内容、学情等设计相应的任务与活动，再设计合适的情境去承载上述的任务与活动。也可以从已有问题开始，选择素材并设计相应的情境，再到相应的任务与活动。甚至可以先选择情境素材，再到提出问题及任务与活动。

【设计案例5】

在如图 7.7 所示的氧化还原反应设计案例的板块"感受氧化还原的存在"中，板块的素养功能为宏观辨识与科学探究，先从素养功能出发设计教学情境：月饼中的小包装袋。同时提出问题：为什么要放小包装袋？包装袋中有什么物质？这种物质有什么作用？并且基于情境问题设计学习任务：实验探究食品脱氧剂的作用。并设计以下 3 个学习活动完成该任务：学生设计实验，探究小包装袋中物质的作用；学生小组汇报实验方案，讨论化学概念（如氧化剂、还原剂）与原理，书写反应的化学方程式；教师对学生的表现给予鼓励性评价，并总结知识。

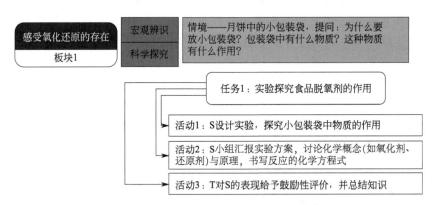

图 7.7 "氧化还原反应"的板块任务、活动与情境问题设计

【设计案例6】

在如图 7.8 所示的元素周期律的教学设计案例的板块中，首先创设情境并提出问题"碱金属元素的性质、原子结构有何特点？二者存在什么关系？"，并且设计 3 个学习任务以解决情境问题，落实相应的素养功能，再设计对应的教学活动完成任务。

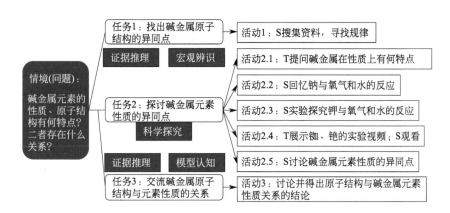

图 7.8 "元素周期律"板块任务活动与情境问题设计

【设计案例 7】

在如表 7.3 和表 7.4 所示的原电池教学设计案例的板块三中,在分析发展需求、已有基础和困难障碍的基础上,首先根据上一板块的内容设计本板块的任务,其次是设计相应的知识基础类素材并提出问题与设计相应活动。

表 7.3 "原电池"板块任务与情境设计

		板块三:应用双液原电池模型	
【任务】应用板块二所构建的双液原电池模型设计锌铁原电池	发展需求	【知识-技能类】能依据原电池的工作原理设计简单的双液原电池。 【思维-方法类】能结合双液原电池中元素化合价变化的宏观视角与电子得失的微观视角对电极反应进行分类和表征。	
	已有基础	【知识-技能类】能辨识简单原电池的构成要素,并能从氧化还原反应的角度分析简单原电池的工作原理。 【思维-方法类】具备将化学事实和理论模型之间进行关联及合理匹配的能力。	
	困难障碍	没有形成稳定的认识原电池的思路,情境识别能力和知识迁移能力较差。 学生模型认知的平均水平处于理解模型水平(水平 2),在运用模型和建构模型方面还有待进一步提升。	
	情境	【知识基础类素材】板块二所构建的双液原电池模型。	

表 7.4 "原电池"板块任务活动与情境问题呈现

B 策略设计	板块三:应用双液原电池模型
B1 任务活动设计(KoS-CTO) (6)基于各板块教学内容的任务设计 (可参考课标"教学策略"、PCK 课件中 KoS)	应用板块二所构建的双液原电池模型设计锌铁原电池
(7)基于各任务的教与学活动设计 (可参考"学习活动建议"、PCK 课件中 KoS)	任务 3.1:应用板块二所构建的双液原电池模型设计锌铁原电池 活动 3.1.1:S 小组应用双液原电池模型设计锌铁原电池,并进行展示汇报 活动 3.1.2:T 对 S 所设计的原电池装置进行评价,并总结简单原电池的设计思路
B2 情境问题设计(KoS-CTO) (8)与教学活动匹配的情境素材设计(可参考课标"情境素材建议"、素材资源搜索)	【知识基础类素材】板块二所构建的双液原电池模型
(9)与情境匹配的问题设计	如何设计简单的双液原电池?

7.3 建构性教学目标的提炼与案例

根据侧重点的不同，化学教学目标主要包括建构性教学目标和迁移性教学目标。前者侧重化学知识的建构过程，后者则更侧重于化学知识的迁移应用。

对于建构性教学目标，可从"建构什么"与"如何建构"两个方面进行解读。一方面，建构的内容或结果可从"内容架构分析"中提炼，包括"知识-技能类""思维-方法类""价值-观念类"等教学内容的分析，以及"学习特征分析"中关于内容学习的发展需求；另一方面，建构的途径或方法可从基于各板块教学内容的"任务或活动设计"中提炼。譬如，"离子反应"课时的某一建构性教学目标表述如图 7.9 所示。

> **教学目标 1**：通过实验探究酸、碱、盐溶液的导电性，认识电解质概念，初步建立基于电解质辨识物质的视角。

图 7.9 "离子反应"课时某建构性教学目标

波浪下划线部分属于建构途径或方法的范畴，而直线下划线部分则属于建构内容或结果的范畴，二者有机结合，共同生成该课时的建构性教学目标。

7.4 化学教学目标的编制及案例

而对于属于素养表现目标的迁移性教学目标而言，则可通过"素养功能"与"发展需求"部分进行提炼，通常表述为"能＋表示能力的行为动词＋某类教学内容"。譬如，"离子反应"课时的某两个迁移性教学目标表述如图 7.10 所示。

> **教学目标 1**：能分析金属导电与电解质导电的本质区别；
> **教学目标 2**：能运用电离理论解释酸、碱、盐的本质，初步建立基于离子辨识物质间转化关系的视角。

图 7.10 "离子反应"课时某两个迁移性教学目标

波浪下划线部分属于表示能力的行为动词，其余则属于具体的教学内容。然而，值得注意的是，建构性与迁移性这两类教学目标可以互相渗透，在上述例子中，第 2 个教学目标就同时具备迁移性（"运用理论解释本质"）与建构性（"建构认识思路与视角"）。化学教学目标总的提炼步骤如图 7.11 所示。

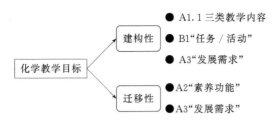

图 7.11 化学教学目标提炼步骤

◆ 撰写原则

教学目标的撰写大体上可依照"Audience-Behavior-Condition-Degree"原则。具体而言,"Audience"表示教学目标的主语是学生,但"学生"二字常略去不写;"Behavior"表示教学目标的行为动词;"Condition"表示实现教学目标的途径或方法,可理解为任务或活动;"Degree"表示行为的程度,如"初步学会"中的"初步"即为一种程度。此外,教学目标的表述应力求具体、可行。譬如,教学内容涉及某一物质或某类物质的化学性质,应避免在教学目标中使用"了解""掌握"等较笼统的词。而且,对于发展学生核心素养的教学目标的撰写,应对该素养维度进行解构,具体到素养的某一水平,而不应只是"贴标签"式地照搬素养名称。

化学教学目标编制案例解读
——以"碳酸钠与碳酸氢钠"为例

对"碳酸钠与碳酸氢钠"课时的教学目标编制过程如表 7.5 所示。

表 7.5 "碳酸钠与碳酸氢钠"教学目标提炼

依据	教学目标			
	板块一:碳酸钠、碳酸氢钠的再认识	板块二:碳酸钠、碳酸氢钠的性质对比	板块三:碳酸钠、碳酸氢钠的鉴别	板块四:碳酸钠、碳酸氢钠的价值感受
发展需求	①能依据物质的组成和类别预测碳酸钠与碳酸氢钠可能具有的性质 ②能从"用途反映性质"的角度解释碳酸钠与碳酸氢钠的性质与用途之间的关系	①能运用科学探究方法,能通过实验设计、实验操作,探析碳酸钠与碳酸氢钠性质的异同 ②能基于碳酸钠、碳酸氢钠分别与盐酸的反应,定量探究反应的本质 ③学会对比中学习,灵活迁移学习新的化学物质	①能利用碳酸钠与碳酸氢钠性质的差异对二者进行鉴别 ②建构物质性质研究与鉴别方法探究的认知模型	①能举例说明碳酸钠、碳酸氢钠在生产生活中的价值 ②通过了解纯碱的生产史,深化科学本质观
任务/活动	①学生根据碳酸钠、碳酸氢钠的用途,预测它们可能具有的性质 ②学生根据碳酸钠、碳酸氢钠的组成,预测二者与酸、碱、盐反应的实验现象 ③教师引导学生思维,显化学生思考的过程	①学生设计并进行实验,对比碳酸钠、碳酸氢钠碱性强弱 ②学生根据实验结论解释为何要用碳酸氢钠制胃药,教师进行评价 ③教师基于"定量认识"讲解碳酸氢钠、碳酸钠与盐酸的反应	①学生根据总结出的性质差异进行讨论,提出鉴别碳酸钠、碳酸氢钠的方法 ②教师对学生提出的鉴别方法进行评价,帮助学生初步建立模型	①举例说明碳酸钠、碳酸氢钠在生产生活中的价值 ②教师展示侯德榜和侯氏制碱法的视频,学生观看,小组交流 ③学生查阅资料,了解纯碱的生产历史,与教师共同讨论分析多种制碱法更替背后所蕴含的道理

续表

依据	教学目标			
	板块一：碳酸钠、碳酸氢钠的再认识	板块二：碳酸钠、碳酸氢钠的性质对比	板块三：碳酸钠、碳酸氢钠的鉴别	板块四：碳酸钠、碳酸氢钠的价值感受
生成教学目标（建构性/迁移性）	通过对碳酸钠、碳酸氢钠的物质分类、组成、用途的再认识，预测二者的性质，深化"结构决定性质，用途反映性质"的观念，初步建构基于宏微结合认识物质的视角【建构性教学目标】	①通过实验探究碳酸钠、碳酸氢钠性质的差异，探析二者与酸碱盐反应的实质，认识碳酸钠与碳酸氢钠的共性与差异性，解释二者在生活中的应用，深化证据意识与对比思维【建构性教学目标】 ②能结合定量思维与定性思维，分析碳酸钠、碳酸氢钠与盐酸反应的实质【迁移性教学目标】	能运用碳酸钠、碳酸氢钠的性质差异对二者进行鉴别，初步建立"鉴别物质的角度与方法"认知模型【建构/迁移性教学目标】	通过碳酸钠、碳酸氢钠的用途，侯氏制碱法由来与纯碱的生产史，感受化学在生产生活中的价值，深化科学本质观【建构性教学目标】

要点回顾

- 化学教学情境/问题的设计依据；
- 化学教学情境素材的分类及布局；
- 建构性化学教学目标和迁移性化学教学目标的区别；
- 化学教学目标的撰写原则。

课间任务

- 基于"333 设计导引"中 A1～B1，完成 333 设计导引的情境、问题设计环节，并着重论证情境、问题的设计过程：

B 策略设计	板块一：	板块二：	板块三：	板块四：
B1 任务活动设计(KoS-CTO) (6)基于各板块教学内容的任务设计				
(7)基于各任务的教与学活动设计				
B2 情境问题设计(KoS-CTO) (8)与教学活动匹配的情境素材设计				
(9)与情境匹配的问题设计				

基于"333 设计导引"中的 A3（发展需求）和 B1（任务/活动），生成每个板块的教学目标，要求兼有两种类型的化学教学目标：

B策略设计	板块一:	板块二:	板块三:	板块四:
B1 任务活动设计（KoS-CTO）基于各板块教学内容的任务设计				
基于各任务的教与学活动设计				
生成教学目标[可综合参考(1)～(9)]				

 思考拓展

1. 基于科学本质观的视角，设计"质量守恒定律"主题的情境/问题。
2. 基于科学本质观的视角，设计"盐类的水解（第一课时）"的三个教学目标。

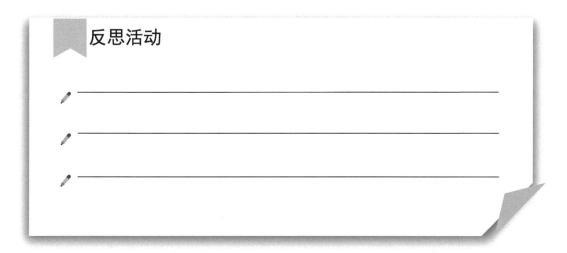

反思活动

 学生作业示例

第 8 章
策略设计——评价发展设计

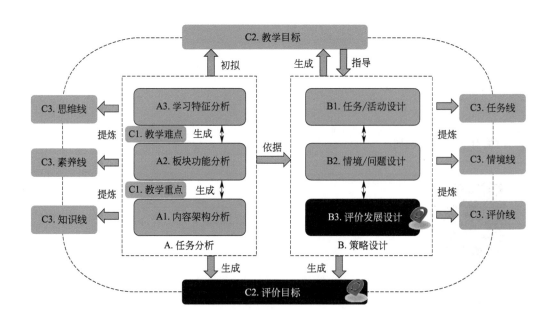

本章导读

在完成任务/活动与情境/问题设计之后,再结合第3章的内容架构分析与第5章的发展需求,进一步设计评价任务,提炼与撰写出评价目标,并设计相应的评价工具。

区别于以甄别与选拔为主要评价目的、以知识与能力为主要评价内容的传统化学学习评价,核心素养背景下化学学习评价始终遵循"素养为本"的评价导向,以鉴定、引导、促进学生化学核心素养的发展为评价目的,以反映学生实际学习能力、指向真实问题解决的一个或一组具体的化学学习评价任务为评价内容。

本章导读课件

学习目标

🧪 能基于内容架构分析、发展需求、任务/活动设计等内容,设计某一化学课时的评价任务;

🧪 能结合某一化学课时具体内容灵活运用不同评价方法;

🧪 能提炼、撰写某一化学课时的评价目标。

课前头脑风暴

🧪 你会如何设计化学学习评价任务?

🧪 你所基于的设计依据是什么?

🧪 你会如何提炼并撰写化学学习评价目标?

8.1 化学学习评价任务设计的实施步骤及案例

设计化学学习评价任务是撰写、提炼化学评价目标的基础与前提。基于 CPU 理论中的化学评价知识及第 2 章可知，化学评价发展设计指的是设计某一化学课时"评价任务"的过程，其包含：评价内容与评价方式两个方面的设计。如图 8.1 所示，评价内容是内容要素，主要指化学教学目标所对应的三类化学教学内容；评价方式是方法要素，主要指具体的评价方法，可按课前、课中及课后进行分类。课前评价可设计为预习检验或学习基础调查；课中评价设计有提问、点评、练习与汇报等；课后评价可设计为作业、复习、社会实践等。这些具体的评价方法均属于方法要素，图 8.1 中下划线部分属于教师主导的评价方法，其余则为学生主导。

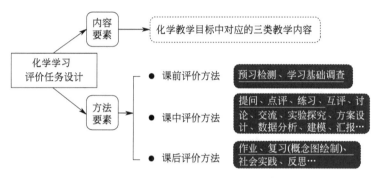

图 8.1　化学学习评价任务设计的实施步骤

评价任务设计这一环节体现了 CPU 所有核心组分（尤其是化学评价知识组分）的系统整合。因此，可基于课标中的"学业要求"与教学内容架构分析（A1）、板块所承载的化学核心素养及其水平（A2），完成导引"B3 评价发展设计中评价任务设计"（图 8.2）部分，尤其需要综合参考各板块教学内容的任务设计及其教与学活动设计（B1），考虑学生学习发展需求（A3）或迁移性教学目标、具体教学情境或问题（B2），以最终确定化学学习评价任务。

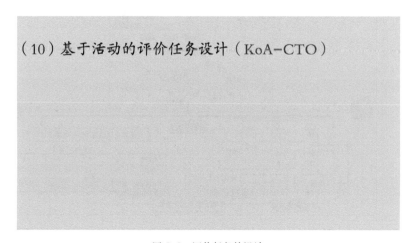

图 8.2　评价任务的设计

以"硫及其化合物的转化关系"复习课中板块二的评价任务生成为例，基于课标学业要求（A1）、内容架构分析（A1）、板块功能分析（A2）、发展需求（A3）、教学任务与活动（B1）和教学目标（C2）可提炼出"元素价态视角""含硫物质及其转化关系"等关键内容，整合后可得出评价内容（内容要素）为"诊断并发展学生基于元素价态视角认识含硫物质及其转化关系的思维水平"。基于以师生问答、对话为主的教学活动（B1）可提炼出评价方式（方法要素）为"课堂交流与点评"。整合评价内容和评价方式即可生成评价任务，具体生成过程如表 8.1 所示。

表 8.1 "硫及其化合物的转化关系"复习课板块二评价任务依据

板块二：基于元素价态的视角分析硫元素及其化合物的转化关系	
评价任务	依据
通过课堂交流与点评，诊断并发展学生基于元素价态视角认识含硫物质及其转化关系的思维水平	基于学业要求（A1） 【学业要求】 1. 能依据物质类别和元素价态列举某种元素的典型代表物。能利用电离、离子反应、氧化还原反应等概念对常见的反应进行分类和分析说明。能用电离方程式表示某些酸、碱、盐的电离。能举例说明胶体的典型特征。 2. 能列举、描述、辨识典型物质重要的物理和化学性质及实验现象。能用化学方程式、离子方程式正确表示典型物质的主要化学性质。 3. 能从物质类别、元素价态的角度，依据复分解反应和氧化还原反应原理，预测物质的化学性质和变化，设计实验进行初步验证，并能分析、解释有关实验现象。 4. 能利用典型代表物的性质和反应，设计常见物质制备、分离、提纯、检验等简单任务的方案。能从物质类别和元素价态变化的视角说明物质的转化路径。 5. 能根据物质的性质分析实验室、生产、生活及环境中的某些常见问题，说明妥善保存、合理使用化学品的常见方法。 6. 能说明常见元素及其化合物的应用（如金属冶炼、合成氨等）对社会发展的价值、对环境的影响。能有意识运用所学的知识或寻求相关证据参与社会性议题的讨论（如酸雨和雾霾防治、水体保护、食品安全等）。 基于内容架构分析（A1）

续表

评价任务	依据
	板块二：基于元素价态的视角分析硫元素及其化合物的转化关系
通过课堂交流与点评，诊断并发展学生基于元素价态视角认识含硫物质及其转化关系的思维水平	**基于板块功能分析(A2)** **模块二：基于元素价态的视角分析硫元素及其化合物的转化关系** ● 素养功能 ① 变化观念 ● 素养分析 ② 本模块需要学生从元素价态出发，基于硫元素的价态分析含硫物质的氧化还原性。 ③ 利用氧化还原规律分析含硫物质间的转化关系。 ● 素养水平 变化观念 | 水平 2	能从原子、分子水平分析化学变化的内因和变化的本质，能理解化学反应中量变和质变的关系；能从质量守恒并运用动态平衡的观点看待和分析化学变化；能运用化学计量单位定量分析化学变化及其伴随发生的能量转化。 | **基于发展需求(A3)** 发展需求： "知识-技能类"内容（Ⅰ类） 1. 能从元素价态的角度，依据氧化还原反应原理，预测含硫物质的化学性质和变化。 "思维-方法类"内容（Ⅱ类） 1. 能从元素价态变化的视角说明硫元素及其化合物的转化路径。 2. 建构基于元素价态的硫元素及其化合物相互转化的一般思路。 **基于教学任务和活动(B1)** | \multicolumn{2}{c}{模块二：基于元素价态的视角分析硫元素及其化合物的转化关系}
素质	变化观念
任务	任务3：基于硫元素的价态分析含硫物质的氧化还原性 任务4：利用氧化还原规律分析含硫物质间的转化关系
活动 定向 ↓ 执行 ↓ 反馈	活动3.1：教师引导学生思考以上反应中的含硫物质硫元素价态分别是多少？并让学生分析上述反应中含硫物质的氧化还原性质，即二氧化硫的生成及去向，引导学生思考涉及硫的相关反应 活动3.2：学生认真思考并写出上述反应中含硫物质硫元素化合价。分析并写出其是否具有氧化性或还原性 活动3.3：教师总结并对学生的答案给予反馈。将上述提到的含硫物质依据硫元素价态画一整轴排列在黑板上 活动4.1：教师通过提问的方式引导学生根据已判别出上述含硫物质的氧化还原性分析说出不同价态含硫物间的转化关系 活动4.2：学生认真思考并一步步回答教师的问题 活动4.3：教师根据学生的回答在整轴上写出的含硫物间进行连线，并在线上写出反应试剂与反应条件 | **基于教学目标(C2)** 1.【建构性】通过元素价态视角对硫元素及其化合物的转化关系进行分析，建构基于元素价态的含硫物质相互转化的一般思路。 2.【迁移性】能运用元素价态视角分析含硫物质转化关系。

8.2 化学学习评价目标的提炼

在核心素养为本的评价观的指导下，提炼化学学习评价目标指的是对判断化学教学目标的达成程度与学业质量水平的"标尺"进行提炼的过程。以鉴定、引导、促进学生化学核心素养的发展为目的，化学学习评价目标的类型通常有表现型评价目标与内容型评价目标。前者侧重化学核心素养的能力要求（行为表现），后者则侧重于核心素养的内容要求（内涵表达），二者相辅相成，如图8.3所示。然而，无论是表现型还是内容型评价目标，二者都应以化学学习评价任务为构成因素。因此，化学学习评价目标主要由反映学生实际化学学习能力、指向真实问题解决的若干个具体的化学评价任务构成。

图 8.3　化学学习评价目标类型

作为六个 CPU 核心组分的系统整合的承载体，化学学习评价目标除了凝练评价任务之外，还应依据教学内容架构分析（A1）、板块所承载的化学核心素养及其水平（A2）、学生学习发展需求（A3）、化学学习任务/活动设计（B1）、具体教学情境或问题设计（B2）共同决定（如图 8.4 所示）。其中，内容型评价目标的提炼重点依据三类教学内容（A1.1、A1.2），而表现型评价目标则需综合考虑学生学习发展需求（A3）及化学教学目标（C2），并基于课标中的"学业质量水平"与"学业要求"等栏目进行提炼。具体分析案例详见 8.3 部分。

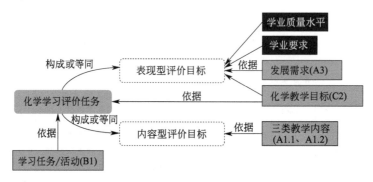

图 8.4　化学学习评价目标的设计依据

值得一提的是，评价目标与教学目标（合称教评目标）之间具有紧密联系。教学目标指导评价目标的撰写，而评价目标又能对教学目标予以适当的反馈。另外，而从教评目标与化学核心素养的整体关系来看，二者共同体现"素养为本"的教学理念在化学教学中的渗透。它们之间的关系可用图 8.5 表示。

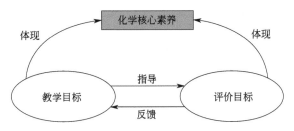

图 8.5 化学核心素养与教评目标的关系概览

8.3 化学学习评价目标的编制及案例

以"氯及其化合物"评价目标的撰写为例,分别对表现型、内容型评价目标的提炼进行说明。其中,依据的教学目标、学习任务以及两种评价任务如下:

教学目标:通过对含氯物质及其转化关系的认识过程,建立物质性质与物质用途的关联

学习任务:讨论、汇报对含氯物质转化关系的梳理情况

表现型评价任务:诊断或发展学生认识物质及其转化的思路水平

内容型评价任务:通过交流与点评,诊断或发展学生认识物质及其转化的思路水平

据此可分别对两种类型的评价目标进行提炼("Ⅰ类""Ⅱ类"内容要素分别表示内容架构分析中的"知识-技能""思维-方法"教学内容)。

(1)表现型评价目标的表述思路为:"能"+内容要素(Ⅱ类)+行为表现动词+内容要素(Ⅰ类)。

表现型评价目标:能从物质类别与元素价态视角(Ⅱ类内容要素),用语言和文字表达含氯物质之间的转化关系(Ⅰ类内容要素)。

(2)内容型评价目标的表述思路为:"通过"+方法要素+内容要素(Ⅰ类),"诊断或发展"+内容要素(Ⅱ类)。

内容型评价目标:通过对含氯物质转化关系(Ⅰ类内容要素)的交流与点评(方法要素),诊断并发展学生对物质及其转化思路的认识水平(Ⅱ类内容要素)。

综上,评价目标的制定以学业质量水平、学业要求、发展需求、化学教学目标以及三类教学内容为依据,并结合教学目标或评价任务中的内容、方法进行提炼,请仼选某一化学课时,将其评价目标提炼于图 8.6 中。

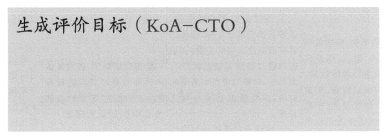

图 8.6 评价目标的提炼

化学学习评价目标编制案例解读
——以"碳酸钠与碳酸氢钠"为例

对"碳酸钠与碳酸氢钠"课时的评价目标的编制过程如表 8.2 所示。

表 8.2 "碳酸钠与碳酸氢钠"评价目标提炼

依据	板块一：碳酸钠、碳酸氢钠的再认识	板块二：碳酸钠、碳酸氢钠的性质对比	板块三：碳酸钠、碳酸氢钠的鉴别	板块四：碳酸钠、碳酸氢钠的价值感受
学业要求/学业质量水平	【学业要求】能从物质类别、元素价态的角度，依据复分解反应和氧化还原反应原理，预测物质的化学性质和变化	【学业要求】能从物质类别、元素价态的角度，依据复分解反应和氧化还原反应原理，预测物质的化学性质和变化，设计实验进行初步验证，并能分析、解释有关实验现象【学业质量水平】1-3（素养"科学探究与创新意识"水平1）能依据化学问题解决的需要，选择常见的实验仪器、装置和试剂，完成简单的物质性质、物质制备、物质检验等实验；能与同伴合作进行实验探究，如实观察、记录实验现象，能根据实验现象形成初步结论	【学业质量水平】1-3（素养"科学探究与创新意识"水平1）能依据化学问题解决的需要，选择常见的实验仪器、装置和试剂，完成简单的物质性质、物质制备、物质检验等实验；能与同伴合作进行实验探究，如实观察、记录实验现象，能根据实验现象形成初步结论	【学业要求】能说明常见元素及其化合物的应用对社会发展的价值
发展需求	① 能依据物质的组成和类别预测碳酸钠与碳酸氢钠可能具有的性质 ② 能从"用途反映性质"的角度解释碳酸钠与碳酸氢钠的性质与用途之间的关系	① 能运用科学探究方法，能通过实验设计、实验操作，探析碳酸钠与碳酸氢钠性质的异同 ② 能基于碳酸钠、碳酸氢钠分别与盐酸的反应，定量探究反应的本质 ③ 学会对比中学习，灵活迁移学习新的化学物质	① 能利用碳酸钠与碳酸氢钠性质的差异对二者进行鉴别 ② 建构物质性质研究与鉴别方法探究的认知模型	① 能举例说明碳酸钠、碳酸氢钠在生产生活中的价值 ② 通过了解纯碱的生产史，深化科学本质观
教学目标	通过对碳酸钠、碳酸氢钠的物质分类、组成、用途的再认识，预测二者的性质，深化"结构决定性质，用途反映性质"的观念，初步建构基于宏微结合认识物质的视角	① 通过实验探究碳酸钠、碳酸氢钠性质的差异，探析二者与酸碱盐反应的实质，认识碳酸钠与碳酸氢钠的共性与差异性，解释二者在生活中的应用，深化证据意识与对比思维。 ② 能结合定量思维与定性思维，分析碳酸钠、碳酸氢钠与盐酸反应的实质	能运用碳酸钠、碳酸氢钠的性质差异对二者进行鉴别，初步建立"鉴别物质的角度与方法"认知模型	通过碳酸钠、碳酸氢钠的用途、侯氏制碱法由来与纯碱的生产史，感受化学在生产生活中的价值，深化科学本质观

续表

依据	板块一：碳酸钠、碳酸氢钠的再认识	板块二：碳酸钠、碳酸氢钠的性质对比	板块三：碳酸钠、碳酸氢钠的鉴别	板块四：碳酸钠、碳酸氢钠的价值感受
教学内容	① 性质决定用途 ② 结构观	① 实验设计与操作能力 ② 证据推理 ③ 科学探究 ④ 定量思维	① 碳酸钠、碳酸氢钠的鉴别方法 ② 模型认知	① 碳酸钠、碳酸氢钠的用途与价值 ② 社会观 ③ 科学本质观
生成评价目标	能从物质的结构、性质、用途三者相结合的角度，用语言表达对碳酸钠、碳酸氢钠性质的预测【表现型评价目标】	① 能从实验探究视角，用语言和文字表达碳酸钠与碳酸氢钠性质的异同【表现型评价目标】 ② 通过对碳酸钠与盐酸的分步反应的交流与练习，发展学生定量思维与定性思维相结合的思路水平【内容型评价目标】	能从性质对比的角度，用语言和文字描述两种物质的鉴别方法【表现型评价目标】	能从科学本质观角度，经对侯氏制碱法由来与纯碱生产史的反思，用语言表达化学在生产生活中的价值【表现型评价目标】

8.4 化学学习评价工具的设计及案例

为了顺利地推进评价任务、更好地落实评价目标，需要设计一些化学学习评价工具辅助教学。化学学习评价工具的设计不仅要关注知识和技能的诊断与发展，还要关注化学学科能力和核心素养的落实。评价工具大致可分为导学案评价工具、提问与点评评价工具、作业与练习评价工具等。

那么如何设计化学学习评价工具呢？导学案评价工具的设计首先要基于化学教学目标（C2）、活动/任务设计（B1）和情境/问题设计（B2）确定导学案任务（评价项目），然后根据学生具体的表现情况确定评价标准、划分等级。以"氮气与氮的氧化物"一课的导学案设计为例，根据教学目标、任务/活动设计和情境/问题设计确定导学案任务，详见表8.3。然后根据学生的回答要点、书写电子式与结构式和绘制价-类二维图的具体表现制定评价量规，详见表8.4。

表8.3 "氮气与氮的氧化物"导学案任务的依据

导学案任务（评价项目）	依据		
	1. 教学目标		
	模块	教学目标	
1. 分析氮气在空气中能大量存在的原因	板块一 基于物质类别和元素价态角度认识氮气	【建构性】通过分析氮分子的结构，认识氮气的化学性质，有意识运用结构决定性质的思维方法。	
		【迁移性】能从物质类别和元素价态的角度分析氮气的化学性质。	
2. 写出氮气分子的电子式和结构式	板块二 基于物质类别和元素价态角度认识氮的氧化物	【建构性】通过实验探究雷雨发庄稼的原理，归纳一氧化氮和二氧化氮的性质，在科学探究中有意识运用元素观。	
		【迁移性】能从物质类别和元素价态的角度分析雷雨发庄稼的原理，总结一氧化氮和二氧化氮的性质，并书写相关反应方程式。	
3. 根据氮气分子的电子式和结构式分析为何氮气的化学性质稳定	板块三 基于"社会观"认识固氮与氮循环	【建构性】通过实例认识固氮的实质和途径，从物质类别和元素价态两个视角说明氮的转化路径，初步建立氮循环模型。	
		【迁移性】能举例常见的固氮反应，初步建立氮循环模型，认识固氮对生产生活的影响。	

续表

导学案任务（评价项目）	依据			
	2. 任务/活动设计			
	板块结构 B策略设计	板块一 氮的游离态 氮气	板块二 氮的化合态 一氧化氮和二氧化氮	板块三 氮的固定
4. 从物质类别的角度出发预测氮气发生化学反应可能生成的产物	B1 任务活动设计(KoS—CTO) (6)基于各板块教学内容的任务设计（同步考课标教学策略"、PCK 课件中 Ko5）	1. 分析氮原子的结构，观察氮分子的球棍模型，推理氮气的化学性质	1. 实验探究酸雨形成的原理 2. 在实验过程中推断一氧化氮和二氧化氮的性质及其转化原理	1. 通过实例认识固氮实质和途径 2. 分析氮的固定对生产生活的影响 3. 初建氮循环模型
	(7)基于各任务的教与学活动设计（可参考学习活动建议"、PC 课件中 K05）	1.T 抛出情景和问题，引导 S 思考氮气为何会有稳定性 2.T 展示氮分子的球棍模型，引导 S 分析氮原子的结构 3.T 引导 S 从物质决定性质的角度出发推理氮气的化学性质 4.T 总结归纳氮气的化学性质	1.T 提供酸雨的成分、空气的成分，引导 S 从元素观的角度分析起始原料为氮气。2. 回顾板块1氮气在氧气在特殊条件下生成 NO1。3.T 引导 S 分析预测如何从 NO 转化为 HNO₃（元素观）S 推测进一步和 O₂ 或 H₂O 反应 4. 实验探究（每一步分析预测，再由 S 写出相应化学方程式） 4.1 设计实验分别验证 NO 和 O₂，NO 和 H₂O 的反应，观察现象（提示 NO₂ 气体为红棕色） 4.2 实验探究 N₂O₄ 气体与 H₂O 的反应，观察现象，由氧化还原推测可能的剩余产物并验证（提供紫色石蕊溶液） 5. 梳理酸雨形成的原理，以表格的形式分析对比 NO 和 NO₂ 的性质	1.T 举出2个固氮的实际例子 2.T 引导 S 思考什么时固氮以及固氮的作用 3.T 引导 S 分析固氮作用对生产生活的作用，进行总结 4.T 从固氮角度切入对氮循环的介绍，初建氮循环模型，介绍氮循环的作用
5. 分析产物中氮元素的价态，将不同的化合物填入相应的方框中	3. 情境/问题设计			
	B2 情境问题设计(KoS—CTO) (8)与教学活动匹配的情境素材设计（参考课标情境素材建议、素材资源搜索）	【生产生活类素材】在薯片包装中充入氮气起到保护和防腐作用	【生产生活类素材】酸雨的形成	【生产生活类素材】化肥的生产 【生产生活类素材】雷雨发庄稼
	(9)与情境匹配的问题设计	何种物质在袋装薯片中起到防腐和保护的作用？ 为何能起到防腐和保护的作用？	酸雨是如何形成的？	可以通过哪些途径实现氮的固定？ 固氮作用对人类生产生活有何影响？

表8.4 "氮气与氮的氧化物"导学案评价量规

板块一：基于物质类别和元素价态认识氮气			
导学案任务（评价项目）	评价标准		评价等级
1. 分析氮气在空气中能大量存在的原因	关键词：稳定性、化学性质稳定	能够回答出关键词	优秀
		不能回答出关键词	有待提高
2. 写出氮气分子的电子式和结构式	电子式、结构式的书写	能够正确写出电子式和结构式	优秀
		能够正确写出电子式或结构式	良好
		未能正确写出电子式和结构式	有待提高
3. 根据氮气分子的电子式和结构式分析为何氮气的化学性质稳定	关键词：三键、最外层电子饱和、化学键牢固等	能够回答出两个关键词	优秀
		能够回答出一个关键词	良好
		未能回答出关键词	有待提高
4. 从物质类别的角度出发预测氮气发生化学反应可能生成的产物	关键词：氧化物及举例、氢化物及举例、氮化物及举例、酸及举例、盐及举例	能够回答4~5个关键词	优秀
		能够回答2~3个关键词	良好
		能够回答0~1个关键词	有待提高
5. 分析产物中氮元素的价态，将不同的化合物填入相应的方框中	将预测的氮的化合物填入价-类二维图正确的位置	能将所有化合物正确填写表格	优秀
		能将部分化合物正确填写表格	良好
		未能正确填写表格	有待提高

提问与点评评价工具的设计首先要基于任务/活动设计（B1）、情境/问题设计（B2）确定评价项目，然后根据学生具体的表现情况确定评价标准、划分等级。以"化学反应与能量"一课的课中评价工具设计为例，依据任务/活动设计、情境/问题设计确定三个板块的评价项目，如表8.5所示。然后，针对每个活动中学生的具体回答和表现确定评价标准，如表8.6所示。

表8.5 "化学反应与能量"提问与点评依据

板块	评价项目	依据
板块一：化学反应能量变化的宏观现象	请列举之前见过的吸热、放热反应	板块1:化学反应能量变化的宏观现象(7min) 教学环节：感受自嗨锅加热米饭的宏观现象 情境引入：自嗨锅方便了我们的生活，使我们不需电和燃气就可以吃上一口热饭。自嗨锅发热包里面的成分是什么呢？ 实验演示：演示自嗨锅加热反应，引导学生触摸锅壁，观察颜色变化，描述实验现象。 引入新概念、提问并点评：提出吸热和放热反应的概念，并让学生列举所见过的吸热、放热反应。 学生活动：感受实验：触摸自嗨锅锅壁，观察并描述现象。列举反应：说出以前见过的吸热、放热反应。 设计意图：1.从宏观现象出发，让学生直观感受化学反应的能量变化。 2.学生已有知识出发，承上启下，引出接下来要讲的微观本质。 3.以贴近生活的自嗨锅情境引入，激发兴趣。

续表

板块	评价项目	依据
板块二：化学反应能量变化的微观本质	绘制"自嗨锅"反应物向生成物转化的能量变化图像，并判断吸放热	**板块2：化学反应能量变化的微观本质(28min)** 教学环节：认识物质的能量属性，建立物质的能量观。(5min左右) 教师活动：**深挖物质能量属性**：联系物理知识，提问学生物质内有何种形式的能量，引出物质所具有的能量不同。 学生活动：回忆物理知识，回答问题 设计意图：1.从学生已有物理知识出发，深入分析物质所具有的能量的原因，帮助学生建立物质能量观。2.为下一环节物质间转化必然有能量变化做好铺垫。 教学环节：从化学反应（物质转化）始末视角认识能量变化的微观本质。(10min左右) 教师活动：**建立模型**：根据反应物、产物所具有的能量，转化过程产生能量差，建立能量变化图表模型。**引导学生应用模型解释自嗨锅原理，点评** 学生活动：**应用模型**：画出自嗨锅反应物、生成物的能量变化图像，并判断吸放热。 设计意图：1.承接上一环节物质的能量属性，帮助学生建立物质转化和能量变化的关联。2.培养学生模型认知的核心素养。
	请用化学反应的微观本质解释"自嗨锅"的能量变化	**板块2：化学反应能量变化的微观本质(28min)** 教学环节：从化学反应（断键成键）过程视角认识能量变化的微观本质。(12min左右) 教师活动：**从化学反应微观本质解释能量变化**：物质的能量大小是不能测量的。从断键成键解释化学反应能量变化的微观本质。**引导学生用断键成键解释自嗨锅的能量变化，点评** 学生活动：思考并回答问题：用断键成键解释自嗨锅的能量变化 设计意图：1.从学生已有知识出发，帮助学生建立断键和能量变化的关联。2.培养学生微观探析的核心素养。
板块三：化学反应能量变化的生活应用	请描述"自嗨锅"反应中能量变化	**板块3：化学反应能量变化的生活应用(5min)** 教学环节：认识自嗨锅中能量转化形式，讨论生活应用。 教师活动：**讨论与总结**：引导学生分析化学反应与能量转化形式，并讨论生活中的应用。 学生活动：思考并回答问题：回答化学反应与能量转化形式，讨论化学反应与能量在生活中有什么应用。 设计意图：1.帮助学生深化能量转化与守恒观念。2.有利于学生认识化学在生活中的价值。

表8.6 "化学反应与能量"提问与点评评价量规

板块	评价项目	评价分数	评价标准
板块一：化学反应能量变化的宏观现象	请列举之前见过的吸热、放热反应	3	能正确列举3个以上吸热反应和放热反应
		2	只能正确列举1~2个吸热反应或放热反应
		1	能举出例子，但对于反应类型或吸放热判断部分错误（反应类型错误：浓硫酸稀释、氢氧化钠溶解、硝酸钾溶解等物理变化判断为化学变化；吸放热判断错误：合成氨判断为吸热反应）
		0	完全不能回答
板块二：化学反应能量变化的微观本质	请用化学反应的微观本质解释"自嗨锅"的能量变化	3	能完全正确地解释原因，逻辑清晰，包含以下要素： 1. 氧化钙和水（反应物）分别断钙离子与氧离子之间的离子键、氧原子和氢原子之间的共价键，钙离子和氢氧根离子相互作用形成氢氧化钙（生成物）中的离子键。 2. 断键过程吸热，成键过程放热。 3. 放出热量大于吸收热量
		2	不能完整地回答正确，但能回答关键点： 1. 断键过程吸热，成键过程放热。 2. 放出热量大于吸收热量
		1	只能说出断键过程吸热，成键过程放热，但不能判断吸热放热的大小关系
		0	完全不能回答。

续表

板块	评价项目	评价分数	评价标准
板块二:化学反应能量变化的微观本质	绘制"自嗨锅"反应物向生成物转化的能量变化图像,并判断吸放热	3	能完全正确画出图像,包含所有要素: 1. 坐标轴的表示。 2. 反应物、生成物能量高度的表示。 3. 反应物、生成物具体物质的标注。 4. 吸热、放热判断正确
		2	能完全正确画出必要的要素: 1. 反应物、生成物能量高度的表示。 2. 反应物、生成物具体物质的标注。 3. 吸热、放热判断
		1	不能完全正确画出必要的要素,如: 1. 吸热、放热判断正确,但反应物生成物能量高低表示错误。 2. 吸热、放热判断错误,但反应物生成物能量高低表示正确。 3. 缺少较多必要的要素
		0	完全不能正确画出必要要素: 吸热、放热判断错误,反应物生成物能量高低表示错误
板块三:化学反应能量变化的生活应用	请描述自嗨锅反应中能量变化	2	能完全正确地说出化学能转化成热能
		1	不能说出化学能,但能说出转化成热能
		0	完全不能回答

练习与作业的设计首先要基于化学学习评价目标（C2）、发展需求（A2）、课标学业质量水平或学业要求（A1）等初步选择或编制题目。然后从试题情境、必备知识、关键能力、学科素养和考察要求等方面对试题进行分析。接着根据课标对题目的素养水平进行分析或根据相关文献对题目的能力水平进行分析。最后根据分析的结果判断题目是否合适或对题目进行修改。

以"硫及其化合物的转化关系"复习课中的一道课后习题的设计为例，如表 8.7 所示，依据表现型评价目标、发展需求和课标学业要求，选择了以硫元素的价-类二维图为素材的题目，考察学生对化学式的书写、硫及其化合物的转化关系、氧化还原反应等知识的掌握。依次从试题情境、必备知识、关键能力、学科素养和考察要求等方面对试题进行分析，并基于杨玉琴教授的学科专属型学科能力编码和课标的素养水平对此题的能力水平和素养水平进行分析，详见表 8.8。分析结果表明此题对学生符号表征能力（水平 4）要求较高，而对学生模型建构能力（水平 2）、证据推理与模型认知素养（水平 2）和变化观念素养（水平 1）要求一般，适合作为高一学生的课后复习题。

表 8.7 "硫及其化合物的转化关系"课后习题选择依据

依据	评价目标	【表现型】能综合物质类别和元素价态的视角,用语言和化学符号表达硫及其化合物之间的相互转化
	发展需求	1. 能从物质类别、元素价态的角度,依据复分解反应和氧化还原反应原理,预测硫及其化合物的化学性质和变化,并画出硫元素及其化合物之间的转化关系。(知识-技能类) 2. 能综合两种视角应用价-类二维图模型,形成多角度分析物质转化的基本思路。(思维-方法类) 3. 经历价-类二维图模型应用的过程。(价值-观念类)

依据	学业要求	【学业要求】 1.能依据物质类别和元素价态列举某种元素的典型代表物。能利用电离、离子反应、氧化还原反应等概念对常见的反应进行分类和分析说明。使用电离方程式表示某些酸、碱、盐的电离。能举例说明胶体的典型特征。 2.能列举、描述、辨识典型物质重要的物理和化学性质及实验现象。能用化学方程式、离子方程式正确表示典型物质的主要化学性质。 3.能从物质类别、元素价态的角度，依据复分解反应和氧化还原反应原理，预测物质的化学性质和变化，设计实验进行初步验证，并能分析、解释有关实验现象。 4.能利用典型代表物的性质和反应，设计常见物质制备、分离、提纯、检验等简单任务的方案。能从物质类别和元素价态变化的视角说明物质的转化路径。 5.能根据物质的性质分析实验室、生产、生活及环境中的某些常见问题，说明妥善保存、合理使用化学品的常见方法。 6.能说明常见元素及其化合物的应用（如金属冶炼、合成氨等）对社会发展的价值、对环境的影响。能有意识运用所学的知识或寻求相关证据参与社会性议题的讨论（如酸雨和雾霾防治、水体保护、食品安全等）。
题目		5.硫元素常见化合价及其物质类别关系如图，下列说法错误的是（　　） 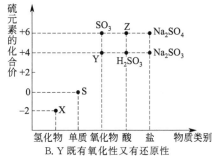 A.X是H_2S　　　　　　　　B.Y既有氧化性又有还原性 C.将X与Y混合，不能生成硫　　D.工业上制Z的主要原料是硫铁矿

表8.8 "硫及其化合物的转化关系"课后习题及分析

课后作业
5.硫元素常见化合价及其物质类别关系如图，下列说法错误的是（　　） 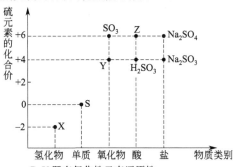 A.X是H_2S　　　　　　　　B.Y既有氧化性又有还原性 C.将X与Y混合，不能生成硫　　D.工业上制Z的主要原料是硫铁矿
作业分析
【试题情境】本题以硫元素的价-类二维图为载体，探究价-类二维图中对应位置上的物质及其性质、物质间的转化关系，体现对元素化合物基本性质和基本概念、基本理论知识的基础性考察。 【必备知识】考察的必备知识侧重于两个方面：一是化学语言与概念，主要包括特定物质化学式的书写；二是物质转化与应用，主要包括硫及其化合物转化关系和对氧化还原反应的理解。 【关键能力】考察的关键能力侧重于两个方面：一是理解与辨析能力，要求掌握硫及其化合物的性质和转化关系、化学反应原理等基础知识；二是分析与推测能力，要求根据题目的信息，通过物质类别与元素价态，分析推理出价-类二维图中对应位置上物质的化学式。

续表

作业分析

【学科素养】考察的学科素养侧重于两个方面：一是化学观念，主要体现在变化观，要求学生运用硫元素及其化合物的转化关系解决题目问题；二是思维方法，主要体现在证据推理思维，要求学生既能根据已知价-类二维图中的信息分析推理出相应位置的物质，又能根据物质中硫元素的价态推测出其性质及反应。

【考察要求】本题主要反映了基础性的考察要求；基础性主要体现在含硫物质的性质以及氧化还原反应基础知识和基本原理的应用

能力水平分析

杨玉琴教授的学科专属型学科能力编码

	符号表征能力	模型建构能力
水平1	建立化学符号的宏观联系 本题在硫元素的价-类二维图中已经得到体现	认识模型 能认识价-类二维图中对应位置上的物质
水平2	理解化学符号的微观意义 本题暂未涉及	理解模型 能认识价-类二维图中硫及其化合物的转化
水平3	化学符号的宏微阐释 本题暂未涉及	运用模型 本题暂未涉及
水平4	化学问题的符号推理 能通过题目和价-类二维图推理出图中未知物质的化学式	建构模型 本题暂未涉及

素养水平分析

本题涉及的学科核心素养主要有两个：一是证据推理和模型认知素养，此题要求学生既能根据价-类二维图中的信息（物质类别、元素价态）分析推理对应位置的物质，又能根据物质中硫元素的价态结合氧化还原反应模型推测其性质和可能发生的反应；二是变化观念素养，此题要求学生运用硫元素及其化合物的转化关系解决问题。

证据推理和模型认知素养：水平2

解题过程中需要正确理解价-类二维图中每个位置的含义，对应了"能理解、描述和表示化学中常见的认知模型，指出模型表示的具体含义"。

解题过程中需要运用氧化还原反应模型去推测物质性质和变化，对应了"运用理论模型解释或推测物质的组成、结构、性质与变化。"

水平2	能从宏观和微观结合上收集证据，能依据证据从不同视角分析问题，推出合理的结论；能理解、描述和表示化学中常见的认知模型，指出模型表示的具体含义，并运用于理论模型解释或推测物质的组成、结构、性质与变化。

变化观念素养：水平1

解题过程需要认识到物质的变化和运动是永恒的，能归纳物质及其变化的共性与特征（物质类别视角、元素价态视角）。

素养水平	素养2 变化观念与平衡思想
水平1	能认识到物质运动和变化是永恒的，能归纳物质及其变化的共性和特征；能认识化学变化伴随着能量变化；能根据观察和实验获得的现象和数据概括化学变化发生的条件、特征与规律。

要点回顾

🧪 "素养为本"化学学习评价观；
🧪 化学学习评价目标的两种类型及其分别侧重的要求；
🧪 化学学习评价任务的两种要素及其关系。

课间任务

完成"333 设计导引"中的 B3,并生成相对应的评价目标(要求两种类型兼有),着重论证上述评价目标是如何生成的。

B策略设计	板块1:	板块2:	板块3:	板块4:
B3 评价发展设计(KoA-CTO) (10)评价任务的设计 [可综合参考(6)和(7)]				
生成评价目标 (评价内容与评价方式) [可综合参考(3)和(10)]				

 思考拓展

请设计"$CuSO_4$ 晶体最佳生长条件的探究"实验课的评价任务及目标。

反思活动

 学生作业示例

第 8 章 策略设计——评价发展设计

第 9 章

设计主线提炼

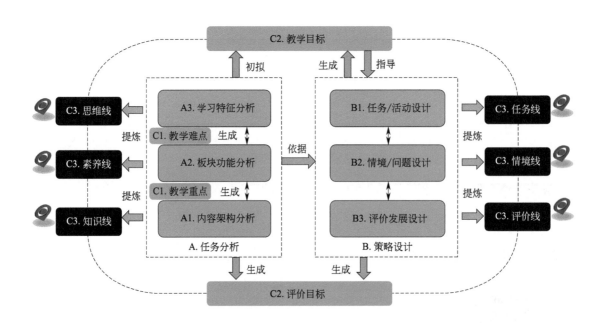

本章导读

　　经过三大任务分析与三个策略设计之后,为了使教学设计的主线更加清晰、各板块间的联系更加紧凑,显化教学设计的"亮线",有必要对设计出的各部分内容的主线进行提炼。主要包括以下六条主线:知识线、素养线、思维线、任务线、情境线、评价线。其中,前三条主线由任务分析(设计导引中的"A"部分)提炼得到,后三条主线由策略设计(设计导引中的"B"部分)提炼得到。

本章导读课件

学习目标

- 能基于内容架构分析、板块功能分析、学习特征分析等内容提炼某化学课时的教学主线（如知识线、素养线、思维线）；

- 能基于任务/活动设计、情境/问题设计、评价发展设计等内容提炼某化学课时的教学主线（如任务线、情境线、评价线）；

- 能说明不同主线之间的联系。

- 你会如何提炼教学主线？

- 你所基于的提炼依据是什么？

- 你认为不同主线的提炼方法一致吗？请说明理由。

作为 CPU 系统设计模式中的最后一个环节，设计主线的提炼其实是提炼贯穿整个课时教学的设计思路线索及精华的过程，在综合反映该模式中任务分析、策略设计与参数提炼三个子系统之间紧密联系的同时，又充分体现了 CPU 六个核心组分的高度系统整合性。目前教学设计中常见的主线包括知识线、素养线、思维线、任务线、情境线与评价线等，本章内容将依次介绍每种主线的提炼方法。

9.1 基于内容架构分析的知识线提炼

◆ 概念类

知识线对应的 CPU 组分是 SMU，根据其侧重不同，可分为"概念类知识"与"观念类知识"，分别对应内容架构分析中"知识-技能类"教学内容与"价值-观念类"教学内容。

概念类知识主要包括"化学概念""原理""用语""技能"。概念类知识主线的提炼依据主要有以下三个。

(1) 内容架构。通过"内容架构分析"部分的内容分析，尤其是内容架构图，可以迅速地、清晰地理清知识线索，同时图中使用箭头对各个教学内容进行连接，也能清楚呈现其内在的逻辑顺序，辨析不同教学内容的重要性差异和彼此之间的联系。

(2) 板块划分。在对板块进行命名时，如果板块的命名依据是"知识-技能"类教学内容，则概念类知识的主线可依据板块的划分与名称进行提炼。

(3) 教学目标。教学目标一般而言会涵盖"知识-技能"类教学内容，即概念类知识。同理，教学重点也能作为提炼知识线的参考依据。

除了单独使用上述三个依据以外，还可灵活结合这三个依据，两两组合或同时使用三个依据进行概念类知识主线的提炼。

此外，更重要的是，对概念类知识线的提炼还需要对各板块概念类知识之间的学科逻辑关系（递进或从属或并列）进行论证。譬如，在对"氧化还原反应"这一课时进行教学设计时，划分出"感受氧化还原反应的存在""感受氧化还原反应的本质"与"感受氧化还原反应的价值"这三个板块，板块之间采取的是递进联结的方式，其逻辑关系如图 9.1 所示。从宏观现象深入到微观本质，反映了化学学科逻辑；现象-本质-应用，反映了学生的认知逻辑；从生活现象到化学本质再到社会问题，符合"从生活走进化学，从化学走向社会"的理念，反映了化学教学逻辑[1]。

◆ 观念类

观念类知识主要包括"化学学科基本观念""科学（化学）本质观"以及"辩证唯物观"。与概念类知识主线的提炼类似，观念类知识线的提炼依据也主要包括内容架构、板块划分、教学目标。然而，与概念类知识有所不同的是，在使用这三个依据进行知识线的提炼时，更多依据的是不同板块对"观念建构"层次的功能分析。考虑到化学学科有多种基本观

---

[1] 郑长龙. 化学课堂教学板块及其设计与分析 [J]. 化学教育, 2010, 31 (5): 15-19.

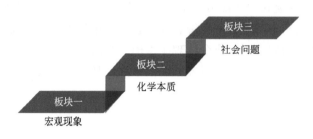

图 9.1 "氧化还原反应"课时的板块逻辑关系

念,且每种观念具有不止一种内涵,并且可能存在进阶,即同一观念不同水平,因此,需要借助相关文献,梳理本节课需要渗透的观念类型、每种观念需达成的水平。

对观念类知识线的提炼需要对各板块观念类知识之间的逻辑关系(并列或从属或进阶)进行论证。譬如,某课时的观念类知识线为"观念 1-观念 2-观念 3-观念 1"(观念 1、2、3 代表不同类型的观念,如微粒观、变化观、绿色观),这是以相同或不同的观念作为本节课的知识线。此外,观念类知识主线还可以为"观念 1a-观念 1b-观念 1c-观念 1b"(a、b、c 代表观念 1 的不同内涵或水平),此时依据的是同一观念的不同内涵或水平作为本节课的知识线。

9.2 基于板块功能分析的素养线提炼

◆ 核心素养类

素养线对应的 CPU 组分是素养导向的教学取向(CTO)和与课程目标有关的课程知识(KoC),包括"核心素养"与"关键能力"。核心素养指的是化学学科五大核心素养,核心素养类素养线的提炼依据主要有以下三个。

(1)板块素养功能。在"板块功能分析"中,若已利用板块素养功能定位来论证板块之间的逻辑关系,此时便可将板块素养功能作为素养线的提炼依据之一。

(2)发展需求。类似地,若在"学习特征分析"中通过各板块对应的素养及其水平对板块内容的学习发展需求进行了分析,此时也可将发展需求作为素养线的提炼依据之一。

(3)教学目标。迁移性教学目标属于素养表现目标,由"素养功能"与"发展需求"部分提炼而来,亦可作为素养线的提炼依据之一。

除了单独使用上述三个依据以外,还可灵活结合这三个依据,两两组合或同时使用三个依据进行核心素养类素养线的提炼。

对核心素养类素养线的提炼需要能对各板块素养功能定位之间的逻辑关系(并列或进阶)进行论证。譬如,某课时的核心素养类素养线为"素养 1-素养 2-素养 3-素养 1"(素养 1、2、3 代表不同素养),这是以相同或不同的素养作为本节课的素养线。此外,素养线还可以为"素养 1a-素养 1b-素养 1c-素养 1b"(a、b、c 代表素养 1 的不同内涵或水平),此时依据的是同一素养的不同内涵或水平作为本节课的素养线。

◆ 关键能力类

关键能力主要包括"符号表征""实验探究""证据推理""模型建构""定量计算"等能力。与核心素养类素养线的提炼类似，关键能力类素养线的提炼依据也包括板块素养功能、发展需求、教学目标。然而，与前者有所不同，后者在使用板块素养功能进行素养线的提炼时，更多参考的是"能"之后的行为动词，而这在发展需求或者迁移性教学目标中均有涉及。因此，关键能力类素养线往往需要综合参考三个依据进行提炼。

对关键能力类素养线的提炼需要能对各板块关键能力之间的逻辑关系（并列或进阶）进行论证。譬如，某课时的关键能力类素养线为"能力1-能力2-能力3-能力1"（能力1、2、3代表不同能力）。这是以相同或不同的能力作为本节课的素养线。此外，素养线还可以为"能力1a-能力1b-能力1c-能力1b"（a、b、c代表能力1的不同水平），此时依据的是同一能力的不同水平作为本节课的素养线。

9.3 基于学习特征分析的思维线提炼

◆ 学科专属型

思维线对应的CPU组分是学情知识（KoL）。依据思维是否具有化学学科专属性，可分为"学科专属型思维"与"学科通用型思维"两类。其中，学科专属型思维主要包括"宏微结合""动态平衡""结构决定性质""定量思维"等思维方式，以及"证据推理""模型认知""科学探究"等思维方法，属于"思维-方法类"教学内容。学科专属型思维线的提炼依据主要有以下三个。

（1）内容架构。"内容架构分析"中对"思维-方法类"教学内容的架构分析有助于学科专属型思维线的提炼。可将不同思维方式或方法作为思维线，并由此找出它们之间存在的逻辑关系。

（2）发展需求。在"学习特征分析"中，"发展需求"的撰写依据之一便为三类教学内容（"知识-技能类、思维-方法类、价值-观念类"）。因此，与内容架构类似，针对"思维-方法类"教学内容的发展需求同样可作为学科专属型思维线的提炼依据之一。

（3）教学目标。教学目标中涵盖的"思维-方法类"教学内容，即化学学科的思维方式或方法，也能作为提炼思维线的参考依据。

除了单独使用上述三个依据以外，还可灵活结合这三个依据，两两组合或同时使用三个依据进行学科专属型思维线的提炼。

对学科专属型思维线的提炼需要能对各板块思维之间的逻辑关系（并列或进阶）进行论证。譬如，某课时的学科专属型思维线为"思维方式1-思维方式2-思维方法1-思维方法2"（1、2代表不同的思维方法或方式），这是以不同思维方式或方法作为本节课的思维线。此外，思维线还可以为"思维方式1a-思维方式1b-思维方式1c-思维方式1b"（a、b、c代表思维方式1的不同水平），此时依据的是同一思维方式的不同水平作为本节课的思维线。同样地，将"思维方式"换成"思维方法"亦成立。

◆ 学科通用型

学科通用型思维主要包括"概括关联类-解释说明类-推断预测类-设计验证类-分析评价类"这五类依次"进阶"的思维。学科通用型思维线的提炼依据与学科专属型思维线一样，也是内容架构分析、发展需求、教学目标。

对学科通用型思维线的提炼需要能对各板块思维之间的逻辑关系（并列或进阶）进行论证。譬如，某课时的学科通用型思维线为"思维1-思维2-思维3-思维4"（1、2、3、4代表不同的思维），这是以不同思维的并列或思维的进阶作为本节课的思维线。此外，思维线还可以为"思维1a-思维1b-思维1c"（a、b、c代表思维1的不同内涵），此时依据的则是同一思维的不同内涵作为本节课的思维线。

以上知识线、素养线、思维线均由"任务分析"提炼而得，联系较多的CPU组分是CTO、SMU、KoC以及KoL。而同样作为化学教师CPU核心组分的KoS与KoA，则体现在接下来的任务线、情境线、评价线之中。

9.4 基于任务/活动设计的任务线提炼

◆ 学习任务/活动

任务线对应的CPU组分是策略知识（KoS），包括学习任务/活动、教学策略。而关于学习任务/活动，无论是基于各板块教学内容的学习任务，还是基于各学习任务的教与学的具体课堂活动，均是以化学学科核心素养的发展为导向的。任务线的提炼依据主要有以下两个：

（1）任务/活动设计。策略设计部分的"任务/活动设计"有详细提及如何基于各板块教学内容进行任务的设计，以及基于各学习任务进行教与学活动的设计。可作为提炼任务线的依据之一。

（2）建构性教学目标。在对建构性教学目标的提炼中，属于"如何建构"范畴的建构途径或方法，是基于各板块教学内容的"任务或活动设计"提炼而来的。因此，在建构性教学目标表述中"通过"一词之后的学习任务/活动，也可作为提炼学习任务/活动任务线的依据。

对学习任务/活动任务线的提炼需要能对各板块任务或活动之间的逻辑关系（并列或递进）进行论证。譬如，某课时的学习任务/活动的任务线为"学习任务（活动）1-学习任务（活动）2-学习任务（活动）3-学习任务（活动）4"，其中，1、2、3、4代表不同的学习任务（活动）。四个不同的学习任务（活动）之间有着较为清晰的逻辑关系（并列或递进），才能将其组织为任务线。

◆ 教学策略

由第1章的1.6部分可知，教学策略包括学科通用型策略与学科专属型策略。除了参考常见的学科通用/专属型教学策略、建构性教学目标之外，教学策略任务线还可以依据化学课程标准关于某主题"教学提示"中的"教学策略"来提炼。

对教学策略任务线的提炼需要能对各板块教学策略之间的逻辑关系（并列或递进）进行

论证。譬如，某课时的教学策略任务线为"教学策略 1-教学策略 2-教学策略 3-教学策略 4"。其中，1、2、3、4 代表不同的教学策略并列为本节课的任务线，或者教学策略均为"1"，这是以相同的教学策略并列为本节课的任务线。此外，还可根据同一教学策略的不同环节之间的递进关系提炼教学策略任务线为"教学策略 1a-教学策略 1b-教学策略 1c"，其中，a、b、c 即某一种教学策略的 3 个不同环节（如 POE 策略的预测、观察、解释三个环节）。

9.5 基于情境/问题设计的情境线提炼

◆ 素材

情境线对应的 CPU 组分是策略知识（KoS），包括情境素材与问题。真实、具体的情境是学生化学学科核心素养形成和发展的重要平台[1]，核心素养导向的教学更加注重在真实情境下的任务驱动。化学教学情境素材主要包括 8 类：社会新闻类、生活生产类、科学技术类、知识基础类、学科交叉类、化学史实类、实验探究类、科学研究类（见本书第 7 章）。

素材情境线的提炼依据主要是"策略设计"中的"情境/问题设计"，该部分的素材设计与教学活动匹配，为学生化学学科核心素养提供了真实的表现机会。

对素材情境线的提炼需要能对各板块情境素材之间的逻辑关系（交替或关联或贯穿）进行论证。譬如，某课时的素材情境线为"情境素材 1-情境素材 2-情境素材 3-情境素材 4"。其中，1、2、3、4 代表不同类型的情境素材，这是以不同类型的情境素材交替为本节课的素材情境线。或者情境素材类型均为"1"，这是以相同类型的情境素材关联为本节课的素材情境线。此外，还可根据情境素材的贯穿提炼素材情境线为"情境素材 1a-情境素材 1b-情境素材 1c"，其中，a、b、c 代表某一情境素材中侧重不同的 3 个部分。

◆ 问题

在创设真实的问题情境之后，需以问题解决基本框架与学生认识发展能力层级为导向，设计该课时教学内容的驱动性问题链，让学生学会在真实问题情境中分析问题、解决问题。

问题情境线的提炼依据主要是"策略设计"中的"情境/问题设计"。该部分的问题设计与情境相匹配，为发展学生问题解决能力、认识能力提供了真实的、具有挑战性的驱动任务。

对问题情境线的提炼需要能对各板块问题之间的逻辑关系（并列或从属或递进）进行论证。譬如，某课时的问题情境线为"问题 1-问题 2-问题 3-问题 4"。其中，1、2、3、4 代表不同的问题，这是以不同问题的并列或递进为本节课的问题情境线。此外，若某课时的问题设计是范围较大的问题（如"影响反应速率的因素有哪些"），此时可综合考虑问题解决过程、知识逻辑顺序、学生认知发展等，将主线问题拆解成若干个驱动性子问题（这些子问题又形成问题链）。常见的有"关系分析类问题""原因探究类问题""具体方案类问题"以及"思路显化类问题"。因此，可根据主线问题拆解而成的子问题之间的从属-并列关系，提炼问题情境线为"问题 1a-问题 1b-问题 1c"，其中，a、b、c 代表该主线问题的不同子问题。

---

[1] 郑长龙. "素养为本"的化学课堂教学的设计与实施[J]. 课程·教材·教法，2018，38（4）：71-78.

9.6 基于评价发展设计的评价线提炼

◆ 评价任务

评价线对应的 CPU 组分是评价知识（KoA），包括评价任务与评价作用。其中，评价任务包括评价内容与方式两个要素。评价任务线的提炼依据主要有评价发展设计、发展需求、迁移性教学目标与评价目标。

对评价任务线的提炼需要能对各板块评价任务之间的逻辑关系（内容或阶段或主体或方式）进行论证。譬如，某课时的任务评价线为"评价任务 1-评价任务 2-评价任务 3-评价任务 4"。其中，1、2、3、4 代表不同的评价任务，这是以不同评价任务的内容为本节课的评价任务线。此外，还可根据课堂的不同阶段提炼评价任务线为"课前任务 1-课中任务 2-课中任务 3-课后任务 4"，这是以时间为线索对整节课的评价任务进行阶段划分。而评价主体（教师或学生）也可作为评价任务线"教师诊断任务 1-学生互评任务 2-教师点评任务 3-学生自评任务 4"提炼的依据之一。除了评价内容、评价阶段、评价主体，不同的评价方式也可作为提炼评价任务线的主要依据，如"预习检测-提问-展示交流-点评-练习-概念图-作业"。此时评价任务线的提炼依据不仅是评价主体，而是多种逻辑关系的综合：阶段（课前预习检测，课中提问、展示交流、点评，课后练习、绘出概念图、完成作业）；主体（学生完成预习检测、展示交流、练习等，教师提问、点评）。

◆ 评价作用

化学教学评价（日常评价与学段评价）应注重学生核心素养的发展情况，评价的是学生核心素养的达成程度。评价作用线的提炼依据依然是评价发展设计、发展需求、迁移性教学目标与评价目标。

对评价作用线的提炼需要能对各板块评价发展之间的逻辑关系（递进或并列）进行论证。譬如，某课时的评价作用线为"鉴定素养发展-引导素养发展-促进素养发展"，这是通过各板块评价发展之间的递进逻辑关系作为评价作用线；此外，并列的逻辑关系"引导素养发展-引导素养发展-引导素养发展"也可作为评价作用线。

综上，知识线、素养线、思维线、任务线、情境线、评价线的提炼可依据教学内容架构分析（A1）、板块所承载的化学核心素养及其水平（A2）、学习特征分析（A3）、化学学习任务/活动设计（B1）、教学情境或问题设计（B2）、评价发展设计（B3）、教学重难点（C1）以及教学与评价目标（C2）共同决定。请依照选择的化学主题，提炼衔接各板块的六大主线，填写图 9.2 中。

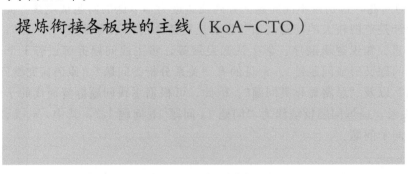

图 9.2　设计主线的提炼

主线提炼案例解读
——以"苯的结构与性质"为例

知识线、素养线、思维线、任务线、情境线、评价线六种主线的提炼可分为以下六个步骤。

步骤1：知识线的提炼

"苯的结构与性质"课时的内容架构图如图9.3所示。

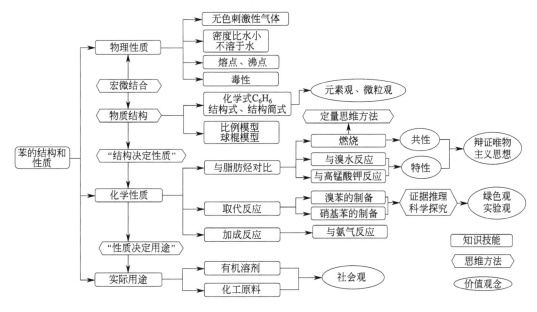

图9.3 "苯的结构与性质"内容架构图

对"苯的结构与性质"课时的知识线的提炼过程如表9.1所示。

表9.1 "苯的结构与性质"知识线提炼

依据	板块一：辨识苯的物理性质	板块二：探析苯的微观结构	板块三：探究苯的化学性质	板块四：认识苯的实际用途
教学目标	通过认识苯的物理性质，建立认识有机物物理性质的宏观视角	能写出苯的结构式、结构简式，能识别苯的球棍模型、比例模型；通过观察并分析苯与溴水、高锰酸钾反应的实验现象，区分苯环上碳碳键与碳碳双键、碳碳三键的不同，建立宏微结合的认识视角，养成证据推理的思维	能根据实验现象，书写苯的溴代反应、硝化反应和加成反应的反应方程式	通过认识苯的实际用途，建立"性质决定用途"的思维
知识线	苯的物理性质	苯的微观结构	苯的化学性质	苯的实际用途
逻辑关系	递进、并列			

第9章 设计主线提炼

一方面，依据"苯的结构与性质"课时的内容架构图以及各板块的命名，可提取"物理性质""宏微结合""化学性质"以及"实际用途"等二级关键词，初步作为概念类知识线的主体部分（已涵盖教学重点"苯的微观结构"）；另一方面，各板块对应教学目标的下划线部分，进一步支持了该知识线的提炼。

知识线之间的逻辑关系是递进、并列。认识有机物的一般思路是"物理性质-微观结构-化学性质-实际用途"，在这条知识线中，每一板块的知识点都是学习下一板块知识点的基础，层层递进。其中，物理性质和化学性质均为苯的性质，二者属于并列关系。

步骤2：素养线的提炼

对"苯的结构与性质"课时素养线的提炼过程如表9.2所示。

表9.2 "苯的结构与性质"素养线提炼

依据	板块一：辨识苯的物理性质	板块二：探析苯的微观结构	板块三：探究苯的化学性质	板块四：认识苯的实际用途
板块功能	能辨识苯的物理性质	能描述苯的成键特点；书写苯的化学式、结构式、结构简式；能认识苯的球棍模型、比例模型；能从微观结构区分苯与烷烃、烯烃、炔烃；能根据苯与酸性高锰酸钾、溴水反应的实验现象以及苯的化学组成推理苯的微观结构	能通过产物分析反应的类型，能结合苯的微观结构分析苯的化学性质	形成合理利用自然资源的观念，赞赏化学对人类生活和生产的所做的贡献
发展需求	① 能认识苯的物理性质 ② 建立认识有机物物理性质的宏观视角	① 能描述芳香烃与苯的概念；能写出苯的结构式、结构简式，能识别苯的球棍模型、比例模型；能描述苯环中碳原子的成键特点；能根据苯与酸性高锰酸钾、溴水的反应实验现象区分苯环上碳碳键与碳碳双键、碳碳三键的不同，判断苯的成键类型 ② 能从微观视角认识苯环中碳原子的成键特点；能基于实验事实分析推理得出苯环上的碳碳键不同于碳碳双键的合理结论；形成"结构决定性质"的思维 ③ 逐步建构元素观与微粒观；养成基于证据进行推理的思维	① 能写出苯的取代反应（溴代和硝化反应）和加成反应的反应方程式 ② 能基于实验现象分析推理得出苯在特定条件下也能发生取代和加成反应的合理结论；形成"结构决定性质"的思维 ③ 树立绿色观和实验观；养成基于证据进行推理的习惯，感受"宏观-微观-符号"三重表征的过程	① 建立"性质决定用途"的认识视角 ② 形成"性质决定用途"的思维 ③ 赞赏化学在生活和化工生产中的价值
教学目标	通过认识苯的物理性质，建立认识有机物物理性质的宏观视角	能写出苯的结构式、结构简式，能识别苯的球棍模型、比例模型；通过观察并分析苯与溴水、高锰酸钾反应的实验现象，区分苯环上碳碳键与碳碳双键、碳碳三键的不同，建立宏微结合的认识视角，养成证据推理的思维	能根据实验现象，书写苯的溴代反应、硝化反应和加成反应的反应方程式	通过认识苯的实际用途，建立"性质决定用途"的思维

续表

依据	板块一：辨识苯的物理性质	板块二：探析苯的微观结构	板块三：探究苯的化学性质	板块四：认识苯的实际用途
素养线	宏观辨识（水平一）	微观探析（水平二） 证据推理（水平二）	宏观辨识与微观探析（水平三）	科学态度与社会责任（水平一）
逻辑关系	递进、并列			

依据板块功能分析、发展需求和教学目标可提取"宏观辨识""微观探析""证据推理""社会责任"等化学核心素养及其水平，并按照板块先后依次排列作为核心素养类素养线的主体部分。板块一、二、三中宏观辨识与微观探析素养水平不断提高，因此为递进关系。板块四中科学态度与社会责任素养（水平一）与板块一、二、三为并列关系。板块二中证据推理素养（水平二）与微观探析素养（水平二）亦为并列关系。

步骤3：思维线的提炼

对"苯的结构与性质"课时思维线的提炼过程如表9.3所示。

表9.3 "苯的结构与性质"思维线提炼

依据	板块一：辨识苯的物理性质	板块二：探析苯的微观结构	板块三：探究苯的化学性质	板块四：认识苯的实际用途
内容架构	苯分子的微观结构、苯的物理性质和相关实验现象	根据苯、甲烷、乙烯、乙炔的燃烧，以及与溴水或酸性高锰酸钾反应的实验事实，预测、推理苯的结构	苯的结构是平面正六边形，相邻原子之间的键完全相同，并非单双键交替的结构，决定了苯与脂肪烃（烷烃、烯烃）的化学性质不同，不与溴水加成，也不被酸性高锰酸钾氧化。同时也决定了苯硝化、溴代的性质，以及与氢气加成条件较苛刻	苯不溶于水，密度比水小，能够发生取代反应、加成反应，是一种重要的有机溶剂和化工原料
发展需求	建立认识有机物物理性质的宏观视角	能从微观视角认识苯环中碳原子的成键特点；能基于实验事实分析推理得出苯环上的碳碳键不同于碳碳双键的合理结论；形成"结构决定性质"的思维	能基于实验现象分析推理得出苯在特定条件下也能发生取代和加成反应的合理结论；形成"结构决定性质"的思维	形成"性质决定用途"的思维
教学目标	通过认识苯的物理性质，建立认识有机物物理性质的宏观视角	能写出苯的结构式、结构简式，能识别苯的球棍模型、比例模型；通过观察并分析苯与溴水、高锰酸钾反应的实验现象，区分苯环上碳碳键与碳碳双键、碳碳三键的不同，建立宏微结合的认识视角，养成证据推理的思维	能根据实验现象，书写苯的溴代反应、硝化反应和加成反应的反应方程式	通过认识苯的实际用途，建立"性质决定用途"的思维
思维线	宏微结合思维	证据推理思维	"结构决定性质"思维	"性质决定用途"思维
逻辑关系	并列			

依据内容架构分析、发展需求和教学目标可提取"宏微结合"思维、"证据推理"思维、"结构决定性质"思维、"性质决定用途"思维等化学学科专属型思维，并按照板块先后依次排列作为学科专属型思维线的主体部分。不难发现，各板块渗透的是不同类型的思维方式方

法，因此各板块间的逻辑关系为并列。

步骤4：任务线的提炼

对"苯的结构与性质"课时任务线的提炼过程如表9.4所示。

表9.4 "苯的结构与性质"任务线提炼

依据	板块一：辨识苯的物理性质	板块二：探析苯的微观结构	板块三：探究苯的化学性质	板块四：认识苯的实际用途
任务活动设计	【任务1】观察苯，归纳颜色、气味等物理性质 【任务2】观察苯与水混溶的现象，归纳苯的溶解性，以及比较苯和水的密度	【任务3】观察苯与溴水、（酸性）高锰酸钾反应的实验现象和苯的燃烧实验现象；比较苯与脂肪烃反应现象的异同 【任务4】揭示苯的微观结构	【任务5】设计制备溴苯的实验 【任务6】比较取代反应与加成反应的难易程度 【任务7】学习苯与浓硝酸的取代反应、苯与氢气的加成反应	【任务8】认识苯在化工生产中的重要作用
建构性教学目标	通过认识苯的物理性质，建立认识有机物物理性质的宏观视角	能写出苯的结构式、结构简式，能识别苯的球棍模型、比例模型；通过观察并分析苯与溴水、高锰酸钾反应的实验现象，区分苯环上碳碳键与碳碳双键、碳碳三键的不同，建立宏微结合的认识视角，养成证据推理的思维	能根据实验现象，书写苯的溴代反应、硝化反应和加成反应的反应方程式	通过认识苯的实际用途，建立"性质决定用途"的思维
任务线	认识苯的物理性质	观察实验现象，识别微观结构	根据实验现象，书写反应方程式	认识苯的实际用途
逻辑关系	递进			

依据任务活动设计和建构性教学目标可提炼出"认识苯的物理性质""观察实验现象，识别微观结构""根据实验现象，书写反应方程式"与"认识苯的实际用途"等学习任务，并按照板块先后依次排列作为任务线的主体部分。不难发现，各板块学习任务之间为递进关系，前一板块的学习任务是后一板块的学习任务的铺垫，环环相扣，依次开展。

步骤5：情境线的提炼

对"苯的结构与性质"课时情境线的提炼过程如表9.5所示。

表9.5 "苯的结构与性质"情境线提炼

依据	板块一：辨识苯的物理性质	板块二：探析苯的微观结构	板块三：探究苯的化学性质	板块四：认识苯的实际用途
情境素材	19世纪初法拉第分离得到苯；1834年米希尔里希制得苯	热拉尔确定苯的分子式；1866年凯库勒悟出苯的结构	烷烃能与溴发生取代反应，烯烃能与溴发生加成反应	苯在工业生产中的应用，如有机溶剂、化工原料等
问题设计	苯具有怎样的物理性质？	苯的结构是单双键交替还是介于单键与双键之间？如何证明？	苯与溴是发生加成反应还是取代反应？	苯有哪些实际用途？
情境线	19世纪初法拉第分离得到苯；1834年米希尔里希制得苯	热拉尔确定苯的分子式；1866年凯库勒悟出苯的结构	烷烃能与溴发生取代反应，烯烃能与溴发生加成反应	苯在工业生产中的应用，如有机溶剂、化工原料等
情境类型	化学史实类	化学史实类	知识基础类	生产生活类
逻辑关系	关联、交替			

依据情境素材和问题设计可提取出"19世纪初法拉第分离得到苯，1834年米希尔里希制得苯""热拉尔确定苯的分子式，1866年凯库勒悟出苯的结构""烷烃能与溴发生取代反应，烯烃能与溴发生加成反应""苯在工业生产中的应用，如有机溶剂、化工原料等"等素材内容，并按照板块先后依次排列作为素材情境线的主体部分。不难发现，板块一和板块二都为化学史实类素材，板块间逻辑关系为关联。而板块三为知识基础类素材，板块四为生产生活类素材，因此板块一、二与板块三、板块四之间的逻辑关系为交替。

步骤6：评价线的提炼

对"苯的结构与性质"课时评价线的提炼过程如表9.6所示。

表9.6 "苯的结构与性质"评价线提炼

依据	板块一：辨识苯的物理性质	板块二：探析苯的微观结构	板块三：探究苯的化学性质	板块四：认识苯的实际用途
发展需求	① 能认识苯的物理性质 ② 建立认识有机物物理性质的宏观视角	① 能写出苯的结构式、结构简式，能识别苯的球棍模型、比例模型；能描述苯环中碳原子的成键特点；能根据苯与酸性高锰酸钾、溴水的反应实验现象区分苯环上碳碳键与碳碳双键、碳碳三键的不同，判断苯的成键类型 ② 能从微观视角认识苯环中碳原子的成键特点；能基于实验现象分析推理得出苯环中的碳碳键不同于碳碳双键的合理结论 ③ 逐步建构元素观和微粒观；养成基于证据进行推理的思维	① 能写出苯的取代反应（溴代和硝化反应）和加成反应的反应方程式 ② 能基于实验现象分析推理得出苯在特定条件下也能发生取代和加成反应的合理结论；形成"结构决定性质"的思维	① 形成"性质决定用途"的思维 ② 赞赏化学在生活和化工生产中的价值
评价目标	能从宏观视角，用语言和文字描述苯的物理性质【表现型目标】	能写出苯的结构式、结构简式，能识别苯的球棍模型、比例模型【表现型目标】	通过对苯的取代反应、加成反应本质的讨论和化学方程式的书写，诊断并发展学生"结构决定性质"的观念水平【内容型目标】	能从"性质决定用途"的认识视角，用语言和文字表述苯的实际用途，赞赏化学在生活和化工生产中的价值【表现型目标】
评价线	发展学生认识有机物物理性质的宏观视角	诊断并发展学生宏微结合和证据推理的思维	发展学生"结构决定性质"的思维	发展学生"性质决定用途"的思维以及对化学价值的认识观念
逻辑关系	内容			

依据发展需求和评价目标可提取"发展学生认识有机物物理性质的宏观视角""诊断并发展学生宏微结合和证据推理的思维""发展学生'结构决定性质'的思维""发展学生'性质决定用途'的思维以及对化学价值的认识观念"等评价任务内容，并按照板块先后依次排列作为评价任务线的主体部分。此评价任务线的主体内容是基于各板块不同的评价内容提取的，因此各板块间逻辑关系为内容。

要点回顾

🧪 知识线、素养线、思维线、任务线、情境线、评价线六种主线分别对应的提炼依据；

🧪 某主线贯穿各板块之间的逻辑关系的论证。

 课间任务

基于"333 设计导引"中 A1.1~B3，完成"333 设计导引"的提炼衔接板块主线环节，并着重论证该主线的逻辑及其提炼过程：

板块解构	板块1:	板块2:	板块3:	板块4:
提炼衔接各板块的主线（6种主线）				

 思考拓展

请设计并提炼选择性必修中原电池（第一课时）的六种教学主线。

反思活动

 学生作业示例

案例篇

本章包含三个案例,一个是元素化合物类教学设计《二氧化硫的化学性质——基于食品添加剂的视角》,另两个是概念原理类教学设计《原电池——基于模型认知的视角》《金属的防护——基于模型建构的教学视角》。三个案例都是学生基于 CPU 系统设计模式完成的作品,都有可供参考和学习的地方。"教学有法,教无定法,贵在得法",这三个案例也并非是完美的,其中部分细节仍有待进一步完善,希望读者用批判的眼光看待这三个案例,贵在从这三个案例中"得法"。

案例 1 　二氧化硫的化学性质——
　　　　基于食品添加剂的视角
案例 2 　原电池——基于模型认知的视角
案例 3 　金属的防护——
　　　　基于模型建构的教学视角

案例1：二氧化硫的化学性质
——基于食品添加剂的视角

选自人教版高中化学必修第二册第五章第一节第二课时

● **设计思想**

　　硫及其化合物作为人教版高中化学必修第二册的第一课，二氧化硫的化学性质的教学为本节内容的重点。基于课标的情景素材建议，本课以生活生产类素材贯穿其中，以红酒和坚果中加入适量二氧化硫为例子，引出本课四个板块的内容。本节课将从物质分类和元素价态的角度引导学生来认识二氧化硫的化学性质，重点学习其还原性和漂白性，并结合生活实际让学生体会二氧化硫在生产生活中的作用与影响。

　　本课主要渗透分类观、实验观、绿色观等化学基本观念，在课程内容的教学中侧重发展证据推理和科学探究的学科核心素养。教师为学生搭建"脚手架"，引导学生收集证据，培养证据意识，并基于已有知识进行简单的证据推理。通过小组合作进行简单的科学探究，发展学生进行科学探究的一般思路。

　　本课的教学分为四个板块，分别为二氧化硫的酸性、二氧化硫的还原性、二氧化硫的漂白性、二氧化硫的"功"与"过"。本节课以"性质预测-实验验证-现象结论"的科学探究思路为主线进行教学，采用POE教学策略，引导学生在科学探究中学会将理论知识运用到实际用处，增强以化学的视角解决生活的问题。基于生活-化学-社会的教学逻辑，从生活引入课堂，基于所学知识类比或预测二氧化硫可能具有的化学性质展开对化学性质的学习，最后回归到化学对社会作用与影响，巩固本课所学。通过二氧化硫作为食品添加剂的作用将各板块贯穿起来，让化学知识从生活中来又回到生活中去。

● **教学内容分析**

1. 课标分析

　　如图10.1所示，引导学生基于元素价态认识物质，通过证据推理得出二氧化硫具有还原性，建构元素化合物化学性质的认知模型。

> **2.1 元素与物质**
> 　　认识元素可以组成不同种类的物质，根据物质的组成和性质可以对物质进行分类；同类物质具有相似的性质，一定条件下各类物质可以相互转化；认识元素在物质中可以具有不同价态，可通过氧化还原反应实现含有不同价态同种元素的物质的相互转化。认识胶体是一种常见的分散系。

图10.1 《普通高中化学课程标准（2017年版）》截图Ⅰ（内容要求）

本案例由邓峰指导，2017级本科生陈跃颖、廖锐盛、谢文慧、郑燕娴、何金萍、刘丽珍合作设计撰写。

如图 10.2 所示，结合生活实际，运用生活生产类素材，分析讨论红酒与坚果中加入的食品添加剂二氧化硫的作用，基于科学探究和证据推理的学科核心素养，学习二氧化硫的化学性质，帮助学生辩证地看待二氧化硫的"功"与"过"。

> **2.5 非金属及其化合物**
> 结合真实情境中的应用实例或通过实验探究，了解氯、氮、硫及其重要化合物的主要性质，认识这些物质在生产中的应用和对生态环境的影响。

图 10.2 《普通高中化学课程标准（2017 年版）》截图Ⅱ（内容要求）

如图 10.3 所示，从物质类别、元素价态的角度分析二氧化硫的性质，运用预测-观察-解释策略，建构元素化合物化学性质的认知模型。

> 2．能列举、描述、辨识典型物质重要的物理和化学性质及实验现象。能用化学方程式、离子方程式正确表示典型物质的主要化学性质。
>
> 2．能从物质类别、元素价态的角度，依据复分解反应和氧化还原反应原理，预测物质的化学性质和变化，设计实验进行初步验证，并能分析、解释有关实验现象。

图 10.3 《普通高中化学课程标准（2017 年版）》截图Ⅲ（学业要求）

2. 教材分析

本节课选自人教版高中化学必修第二册第五章第一节第二课时，学生在必修第一册已经学习过钠、氯、金属及其化合物的内容，在必修第一册学习金属化合物的思路和方法可以指导本节内容的学习。本章内容是非金属及其化合物，通过本章学习，建立高中化学完整的元素化合物知识体系。

章引言中建议从物质分类、元素价态等视角引导学生认识非金属元素及其化合物的性质及用途。本节内容主要学习 SO_2 的分类、还原性、漂白性。教材中本课时设有两个实验，通过从宏观上观察实验现象，结合化学符号表征，培养学生运用符号表征的能力与宏观辨识的核心素养。资料卡片中介绍关于 SO_2 作为食品添加剂的用途，也明确指出了其规定用量和过量使用 SO_2 的危害，渗透了辩证对立的观点，培养学生的社会责任感。

3. 架构分析

具体架构如图 10.4 所示。

● **学情分析**

本课对学生的知识-技能类（表 10.1）、思维-方法类（表 10.2）与价值-观念类（表 10.3）的内容进行分析，分别阐述学生学习本课内容的已有基础、困难障碍和发展需求。其

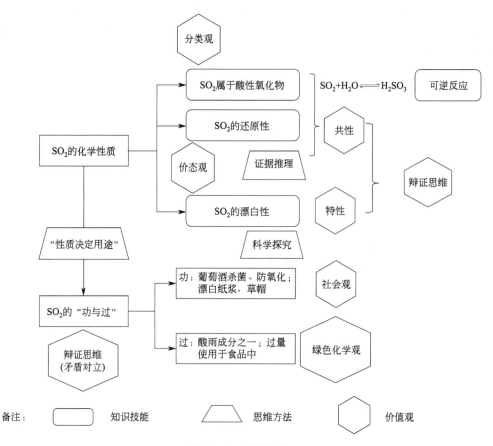

图 10.4 内容架构图

中，本课全面分析学生的已有基础，力求实现新旧知识的融会贯通、学习思路的进阶发展以及价值观念的完善进步。同时，理清学生学习的困难障碍，以更有效地帮助学生答疑解惑。并明确学生学习的发展需求，以更明确地促进学生发展。

1. 知识-技能类

表 10.1 知识-技能类学情分析

已有基础	1. 已掌握酸性氧化物的定义及特点 2. 已掌握氧化还原反应的定义以及特征 3. 已学习次氯酸的漂白性
困难障碍	1. 对知识的迁移运用能力不足,难以联想到典型的酸性氧化物——二氧化碳 2. 较难理解二氧化硫的漂白原理和漂白范围
发展需求	1. 能辨识二氧化硫是酸性氧化物 2. 能利用氧化还原反应对二氧化硫的还原性分析说明 3. 能说出二氧化硫漂白性的原理及应用

2. 思维-方法类

表 10.2 思维-方法类学情分析

已有基础	1. 已具备进行简单证据推理的能力以及对元素化合物进行科学探究的基本素养 2. 已初步了解"性质决定用途"的思路

	续表
困难障碍	对性质的预测做不到有理有据
发展需求	1. 建构基于科学探究证明物质性质的一般思路 2. 形成"性质决定用途"的一般思路

3. 价值-观念类

表 10.3 价值-观念类学情分析

已有基础	1. 已初步了解物质分类的方法 2. 已初步掌握从元素价态认识物质的方法 3. 已形成一定的绿色观和社会观
困难障碍	1. 难以从元素价态的角度进行切入思考 2. 较少关注并分析与化学有关的社会热点问题
发展需求	1. 逐步建构分类观 2. 逐步建构价态观 3. 逐步树立"矛盾对立"的辩证法思想 4. 逐步完善建构社会观和绿色观

● 教学与评价目标

1. 教学目标

（1）能从物质分类角度，辨识二氧化硫是酸性氧化物，逐步建构分类观。

（2）通过对元素价态的分析并进行证据推理，预测二氧化硫具有还原性，建立基于元素价态辨识物质性质的视角。

（3）通过科学探究二氧化硫的漂白性，解释二氧化硫的漂白原理，建构基于科学探究证明物质性质的一般思路。

（4）通过了解二氧化硫的"功"与"过"，能分析二氧化硫在生活生产中的应用及其产生的影响，形成"性质决定用途"的一般思路。

2. 评价目标：

（1）通过对二氧化硫所属类别的交流与点评，诊断并发展学生从物质类别角度认识物质性质的水平。

（2）能从元素价态的角度，用语言预测二氧化硫的性质。

（3）通过对二氧化硫漂白性实验方案的设计与讨论，诊断并发展学生基于科学探究证明物质性质的思路水平。

（4）通过对二氧化硫在生活生产中的应用及其影响的交流与汇报，诊断并发展学生"物质性质决定用途"的思路水平及对化学价值的认识水平。

● 教学重点与难点

1. 教学重点

（1）二氧化硫的还原性。

（2）二氧化硫的漂白性。

2. 教学难点

（1）对二氧化硫漂白性的科学探究。

（2）基于元素价态的角度对二氧化硫还原性的预测。

● **教案设计**

学习任务	教师活动	学生活动	设计意图
板块一：二氧化硫的酸性			
预测二氧化硫的物质类别（3min）	【联系生活】 情境：展示红酒的成分标签，添加 SO_2 【提问】 是否对人体有害？SO_2 在红酒中起什么作用？	查看红酒成分表，思考 SO_2 在红酒中起的作用	联系生活，设置问题情境并创设认知冲突，激发学生学习的兴趣
	【投影】 展示相关资料，说明 SO_2 在红酒中的作用之一为增酸 【提问】 由此，可猜测 SO_2 可能具有怎样的性质	思考并回答问题	通过启发性问题，有意识培养学生结合生活常识和基于线索推理分析的能力
	【提问】 从物质类别角度分析，已知 CO_2 属于酸性氧化物，SO_2 是否也属于酸性氧化物？	回顾所学，合理猜想	基于物质类别角度，引导学生合理猜想 SO_2 的性质，诊断并发展学生从物质类别角度认识物质性质的水平
实验验证二氧化硫属于酸性氧化物（5min）	【演示实验】 1. 回顾酸性氧化物的通性 2. 提供实验药品与实验仪器 药品：SO_2 气体，无色酚酞，NaOH 溶液 仪器：试管 3. 演示实验 4. 学生观察实验现象，得出结论，写化学方程式	1. 回忆酸性氧化物的通性 2. 观察并分析实验现象，得出结论	强化学生运用化学符号描述物质化学变化的技能，锻炼其根据实验现象分析的能力
板块二：二氧化硫的还原性			
预测二氧化硫的还原性（2min）	【提问】 SO_2 在红酒中还起到什么作用？ 【投影】 展示相关资料，说明 SO_2 在红酒中作用之一为抗氧化 【分析价态】 说出常见硫元素价态，并标出 SO_2 中硫元素的化合价 【提问】 推测 SO_2 还可能具有怎样的性质？	1. 思考问题 2. 说出常见硫元素价态，标出 SO_2 元素价态 3. 推测 SO_2 的性质	1. 引导学生能从元素价态的角度，基于生活线索，用语言预测二氧化硫的性质，逐步建立基于元素价态辨识物质性质的视角 2. 诊断并发展学生预测物质性质的思路水平
验证二氧化硫的还原性（5min）	【小组进行实验】 1. 提供药品：SO_2，$KMnO_4$ 溶液 实验仪器：试管 2. 讨论并确定实验步骤 3. 小组在教师引导下进行实验 4. 观察并分析实验现象，得出结论 5. 讨论并写下化学方程式	1. 讨论实验步骤 2. 进行实验 3. 分析实验现象并得出结论 4. 写方程式	1. 通过小组完成实验，提高其收集并分析实验证据的能力，推出二氧化硫具有还原性的结论 2. 提高学生熟练运用化学符号表示化学反应过程的能力

续表

学习任务	教师活动	学生活动	设计意图
板块三：二氧化硫的漂白性			
实验探究二氧化硫的漂白性，解释二氧化硫的漂白原理（15min）	【提问】SO_2在坚果中起什么作用？	回答教师问题并预测二氧化硫具有漂白性	提出与生活情境相关的问题，吸引学生的兴趣
	【引导】在回答以上问题"SO_2在坚果中是去色作用"的基础上，引出二氧化硫的漂白性	认真听讲	发展学生宏观辨识与微观探析的核心素养
	【实验设计】指导学生小组合作完成验证二氧化硫漂白性的实验方案（品红、溴水、石蕊）	小组讨论设计实验方案	培养学生设计简单实验方案收集分析实验证据的能力。
	【实验操作】引导学生进行验证二氧化硫漂白性的实验（品红、溴水、石蕊）	动手实验，观察分析实验现象	培养学生科学探究的思维方法
对比二氧化硫和次氯酸的漂白性（4min）	【实验总结】教师：通过实验总结二氧化硫漂白性的原理。同时回顾次氯酸的漂白性，并与二氧化硫的漂白原理进行对比。次氯酸：氧化漂白，永久性漂白，能使紫色石蕊褪色。二氧化硫：化合漂白，暂时性漂白，不能使紫色石蕊褪色	总结回顾做好笔记	通过科学探究二氧化硫的漂白性，解释二氧化硫的漂白原理，建构基于科学探究证明物质性质的一般思路
板块四：二氧化硫的"功"与"过"			
分析二氧化硫的利弊及应用（5min）	【提问】如果在食物中添加过量的二氧化硫，会出现什么后果呢？	认真思考，回答教师问题	提出问题，形成问题驱动
	【分析引导】对学生的回答进行分析引导，过量的二氧化硫将会对人体产生危害，引导学生从利与弊两个角度进行分析，课堂讨论二氧化硫的"功"与"过"	紧跟教师思路，讨论二氧化硫的"功"与"过"	1、初步树立"矛盾对立"的辩证法思想 2、培养学生化学社会观、生活观、绿色化学观，能主动关心并参与有关的社会热点问题 3、发展学生社会责任的核心素养
总结归纳二氧化硫的化学性质（4min）	【回顾】简单总结二氧化硫的化学性质（酸性、还原性、漂白性）	回顾二氧化硫的化学性质以及相关认识思路	总结知识，形成一定的知识体系
	【总结】从思维角度入手，概括二氧化硫的认识思路——元素价态、物质类别以及"性质决定用途"	认真思考，做笔记	通过了解二氧化硫的"功"与"过"，能分析二氧化硫在生产生活的应用及其产生的影响，形成"性质决定用途"的一般思路

● 流程图

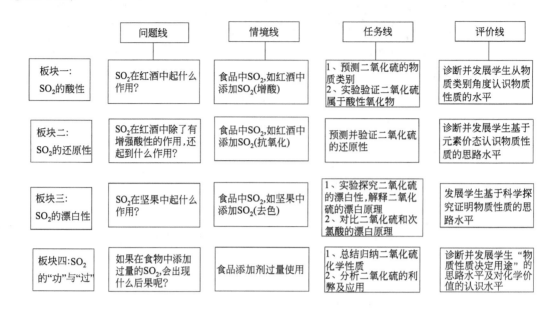

● 板书设计

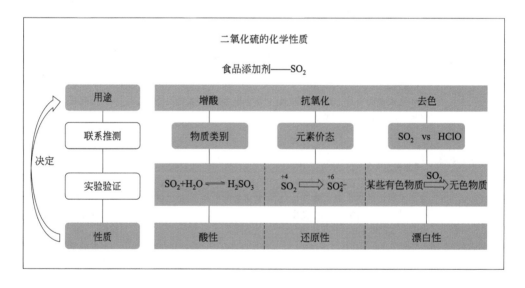

 点评

优点：

1. 内容架构中注重渗透辩证唯物主义思想是本节课的亮点，反映了 CTO 水平较高
2. 案例中情景素材复杂，SO_2 在红酒、坚果中的应用很贴近学生的生活，容易激发学生的学习兴趣，表现出较高的 KoS。

3. 教学目标和评价目标中凸显了物质类别和元素价态两个学习元素及其化合物的认识视角，反映出较高水平的 KoC 和 SMU。

不足：

若能更凸显辩证唯物主义思想，设计一条思政线，凸显化学学科的思政价值则会更有特色。

● 案例一参考文献

[1] 中华人民共和国教育部. 普通高中化学课程标准 [M]. 北京：人民教育出版社，2017.

[2] 惠鹏军. 新课程背景下高一化学学困生成因分析及转化策略 [D]. 武汉：华中师范大学，2018.

[3] 丁玲，何彩霞. 促进"元素观"发展的化学教学——以"二氧化硫的性质和应用"为例 [J]. 化学教与学，2020（03）：74-77.

[4] 唐云波. 从"知识本位"走向"素养为重"的元素化合物教学设计——以"硫及其化合物"教学为例 [J]. 化学教学，2017（10）：35-40.

[5] 种飞飞. 促进化学学科核心素养的"硫的转化"实验教学研究 [D]. 济南：山东师范大学，2019.

[6] 陈永旺. 逆向教学设计落实化学核心素养的实践研究 [D]. 天津：天津师范大学，2019.

● 案例一附录

案例2：原电池
——基于模型认知的视角

选自人教版高中化学选择性必修一第四章第一节

● 设计思想

本节课选自人教版高中化学选择性必修1第四章第一节"原电池"第一课时"原电池的工作原理"，授课对象为高二学生。根据课标分析、教材分析、学情分析，将本节课划分为三个板块，分别是"评价单液原电池模型""构建双液原电池模型""应用双液原电池模型"，板块间的逻辑关系清晰，具体关系如图10.5所示。

在板块一，设计回顾已学的单液原电池模型，引导学生发现单液原电池中存在的问题并重新评价单液原电池模型。在板块二，引导学生基于发现的问题思考解决方法，在教师指导下通过搭建双液原电池的方式解决问题，最后构建双液原电池模型。在板块三，引导学生应用模型完成简单的双液原电池设计。

本节课的情境设计采用交替式设计，在板块一和板块三采用知识基础类情境素材，板块二采用实验探究类素材，并基于采用的情境素材设计相匹配的问题，由锌-铜-硫酸原电池知识的回顾出发，经过发现问题、解决问题的过程逐步构建双液原电池模型，最后应用模型达到巩固强化本节课所学知识的目的，符合学生的认知逻辑，而且有助于学生理解构建双液原电池模型的价值。

图10.5 板块间关系图

本节课侧重发展学生"证据推理与模型认知"与"宏观辨识与微观探析"的化学学科核心素养，也符合2017年版2020年修订的普通高中化学课程标准（简称新课标）中"重视开展素养为本的教学"的基本理念。学生在本节课的学习之后，由原来模型认知水平2"能理解、描述和表示化学中常见的认识模型"即锌-铜-硫酸单液原电池模型，到模型认知水平4"能对复杂的化学问题情境中的关键要素进行分析以构建相应的模型"即能分析出单液原电池电流减少的原因，并寻找优化方法，以构建双液原电池模型。在构建双液原电池模型的过程中，学生需要结合双液原电池化合价变化的宏观视角和得失电子的微观视角，对电极反应进行分类和表征。另外学生还要从电流表上收集证据并解释加入盐桥后电路中有电流通过且不再衰减的原因。本节课也渗透微粒观、变化观和守恒观等观念思想，教授更多"价值-观念"类知识。

本节课的三大亮点如下。

第一、学习任务与教学策略环环相扣

本节课的学习任务从回顾单液原电池的构成要素和工作原理出发，发现问题到找出问题

本案例由邓峰指导，2020级研究生杨国贤、卢泽娜、朱峻灏、纪耿丽、陈伟清、刘舜合作设计撰写

的来源并优化，然后基于搭建的"锌-铜-硫酸铜"双液原电池分析其工作原理，构建双液原电池模型，进一步应用模型设计双液原电池。每个任务都符合学生在真实问题解决中需要经历的步骤，回顾所学知识、发现问题来源、解决问题、迁移运用、形成新的知识，环环相扣。每个任务都设计相匹配的教学策略，在回顾单液原电池任务中采用"模型构建策略-评模"，构建双液原电池模型任务中采用"模型构建策略-修模"，应用双液原电池模型任务中采用"模型构建策略-用模"，如图10.6所示。

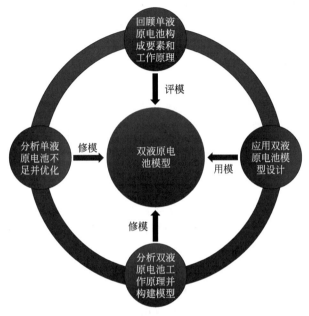

图10.6 学习任务与模型建构策略对应图

第二、核心素养步步落实

新课标中提出开展以化学实验为主的多种探究活动，促进学生学习方式的转变。本节课以板块二为主，三个板块均设计有实验探究活动。

板块一，首先回顾锌-铜-硫酸原电池模型并画出单液原电池模型图示，"模型认知"素养达到"能理解、描述和表示化学中常见的认知模型，指出模型的具体含义"水平；接着运用模型进行简单的迁移应用，设计"锌-铜-硫酸铜"原电池，同时进行对应的实验活动，从宏观上认识到单液原电池的不足，为后续的教学评活动奠定基础，模型认知素养应该达到应用水平。因此板块一学生模型认知素养的水平达到水平2。

板块二，紧密承接板块一的活动，对"锌-铜-硫酸铜"原电池的不足进行分析，从而能从宏微结合上说明单液原电池的不足，接着寻找优化的方法，从而构建双液原电池，在改进锌-铜-硫酸铜单液原电池实验中注重学生从化合价变化视角和电子得失视角对电极反应进行分类和表征，能从电流表中收集证据解释为何加入盐桥后电路有持续电流。"宏观辨识与微观探析"素养达到"能从宏观与微观相结合的视角对物质及其变化进行分类和表征"水平，即水平4；"模型认知"素养达到"能指出模型的局限性，寻找优化需要的证据"水平，即水平4；"证据推理"素养达到"能解释证据和结论之间的关系"水平，即水平4（图10.7）。

板块三，迁移运用板块二构建的模型设计锌铁原电池，学生需首先分析出电极反应，从而构建模型解决问题。"模型认知"素养达到了"能对复杂的化学情境中的关键要素（电极反应）进行分析以构建相应的模型"水平，即水平4。

第三、"教-学-评一体化"紧密联系

根据新课标倡导的"教-学-评一体化"，本节课分别设置了迁移性教学目标、建构性教学目标和表现型评价目标、内容型评价目标。教学目标有利于教师明确学生需要掌握哪类知识，以及通过什么教学方式完成教学内容。评价目标可以帮助教师明确学生的哪些表现可以判断学生已经掌握了知识，更好地对学生的学习情况做出诊断。在教学过程中，教师的教学、学生的学习和对学生学习情况的及时评价都是相互影响，相互作用的。只有真正落实"教-学-评一体化"才能更好地促进学生学习，发展学生的核心素养。

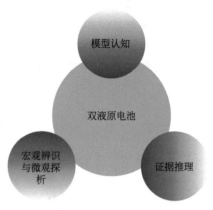

图10.7　课堂中渗透的核心素养图

● 教学内容分析

1. 课标分析

"原电池（必选1）"位于《普通高中化学课程标准（2017年版）》选择性必修课程主题1化学反应与能量。《普通高中化学课程标准（2017年版）》对该节课内容要求如下："了解原电池的工作原理。充分利用铜-锌双液原电池案例素材，开展双液原电池的构成及其工作原理实验探究活动，组织学生开展分析解释、推理预测、设计评价等学习活动，发展学生对原电池工作原理的认识。"因此，在教学过程中要重视开展实验探究活动，以原电池的工作原理为知识载体，培养学生的科学探究意识。《普通高中化学课程标准（2017年版）》对该节课学业要求如下："能分析、解释原电池的工作原理，能设计简单的原电池"。可见，原电池的工作原理是该节课的重点内容。

2. 教材分析

本节课内容选自人教版高中化学选择性必修1第四章第一节"原电池"。在学习本节课前，学生已在必修课程中了解到将锌片、铜片置于稀硫酸中并以导线连接起来可以组成原电池，这为本节课奠定了基础。教材内容在编写时大致安排了三个阶段。

第一阶段，以必修已学知识和课堂实验观察、分析为基础，如第一个"思考与讨论"，结合有关锌铜原电池具体、直观的实验，引导学生描述该原电池的组成，分析金属导线及电解质溶液中形成的电流、盐桥的作用，以及在正极、负极上分别发生的还原反应和氧化反应，逐步梳理和理解锌铜原电池的工作原理。

第二阶段，引导学生从一种原电池的具体装置抽象形成原电池的一般模型，如第二个"思考与讨论"。通过一般模型的构建，要求学生既能静态地认识原电池的构成，又能动态地了解其工作过程和原理，并运用图示和想象等形式，实现用"思维中的具体"来把握原电池及其工作原理。

第三阶段，是"从抽象思维到实践"的过程，要求会将自发的氧化还原反应设计成原电池。在这个过程，引导学生逐步认识和理解原电池的工作原理及其应用。

3. 架构分析

通过课标与教材分析，可确定本课时的知识-技能类内容为双液原电池的构成要素、工作原理及其应用。其中，蕴含着思维-方法类内容和价值-观念类内容。思维-方法类内容有模型认知、宏微结合、辩证统一思维。模型认知思维贯穿整节课，宏微结合、辩证统一思维主要体现在分析"双液原电池的工作原理"。价值-观念类内容有变化观、微粒观、守恒观。在本节课中，这三类观念主要在分析双液原电池的工作原理时渗透。因此，知识-技能类、思维-方法类、价值-观念类教学内容具体关系如图10.8所示。

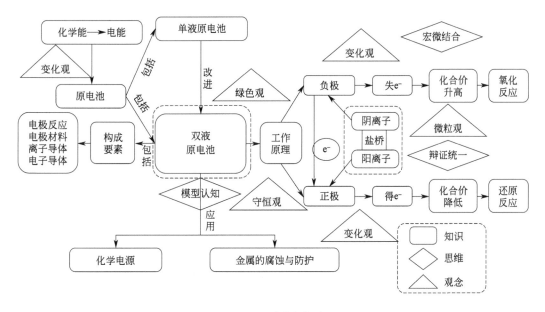

图10.8 内容架构图

● 学情分析

1. 知识-技能类

关于内容学习的已有基础分析如下。

（1）通过必修第一册的学习，认识有化合价变化的反应是氧化还原反应，了解氧化还原反应的本质是电子的转移。

（2）通过必修第二册的学习，知道化学反应可以实现化学能与其他形式能量的转化，知道原电池是将化学能转化为电能的装置。

（3）通过必修第二册的学习，能辨识简单原电池的构成要素，并能从氧化还原反应的角度分析简单原电池的工作原理。

（4）通过必修阶段的学习，具备一定的实验操作技能，能观察并如实记录实验现象和实验数据，进行分析和推理，得出合理的结论；能与同学合作交流，对实验过程和结果进行反思。

（依据必修第一、二册的教材有关氧化还原反应、原电池的内容，化学科学与实验探究主题、物质结构基础与化学反应规律的内容要求、学业要求进行提炼）

关于内容学习的发展需求分析：

（1）能分析单液原电池工作的局限。

（2）能分析、解释双液原电池的工作原理，能分析说明盐桥的作用及其选择条件。

（3）能认识电极反应、电极材料、离子导体、电子导体是原电池的基本构成要素。

（4）能依据原电池的工作原理设计简单的双液原电池。

（依据选择性必修一有关原电池内容的学业要求、学业质量水平、第Ⅰ类教学内容和板块素养功能进行提炼）

关于内容学习的困难障碍分析：

对盐桥及其作用存在错误认知。

（依据文献进行提炼）

2. 思维-方法类

关于内容学习的已有基础分析如下。

（1）能理解和描述简单的单液原电池模型，并指出模型各要素的具体含义。

（2）能从宏观和微观相结合的视角分析问题。

（3）知道氧化还原反应中同时存在元素化合价的升高与降低、电子的得失（或电子对偏离）。

（依据必修第一、二册的教材有关氧化还原反应、原电池的内容进行提炼）

关于内容学习的发展需求分析如下。

（1）能从宏微结合的视角评价单液原电池并寻找优化的方法，构建双液原电池模型。

（2）能从宏微结合的视角对电极反应进行分类和表征。

（依据选择性必修一有关原电池内容的学业要求、学业质量水平、第Ⅱ类教学内容和板块素养功能进行提炼）

关于内容学习的困难障碍分析如下。

（1）没有形成稳定认识原电池思路，情境识别能力和知识迁移能力较差。

（2）模型认知思维有待进一步加强。

（依据文献进行提炼）

3. 价值-观念类

关于内容学习的已有基础分析如下。

（1）认识知识具有暂定性，具备一定的科学本质观。

（2）通过高中必修模块的学习，对"提高能量的使用效率"的绿色观有一定的认识。

（3）通过初中及高中必修模块的学习，对"化学反应伴随着能量的转化"的变化观有一定的认识。

（4）通过初中及高中必修模块的学习，对"化学变化遵守原子、电子、能量守恒规律"的守恒观具有一定的认识。

（5）通过初中及高中必修模块的学习，对"微粒总是不断运动"的微粒观具有一定的认识。

（依据必修第一、二册的教材有关氧化还原反应、原电池的内容以及必修阶段其他相关内容、初中教材有关内容和核心素养水平2的内容进行提炼）

关于内容学习的发展需求分析如下。

（1）发展变化观、守恒观。

（2）认识微粒观在双液原电池中的具体表现。

（依据选择性必修一有关原电池内容的学业质量水平、第Ⅲ类教学内容和板块素养功能进行提炼）

关于内容学习的困难障碍分析：

未充分认识原电池的价值，对原电池内容的兴趣不高。

（依据文献进行提炼）

● **教学与评价目标**

1. 教学目标

（1）能搭建单液原电池并分析其工作原理，建构单液原电池的认识思路模型。【迁移性教学目标】

（2）通过宏观与微观相结合的视角分析单液原电池的不足，寻找优化的方法，理解盐桥的作用。【建构性教学目标】

（3）能分析双液原电池的工作原理，能基于原电池的构成要素和双液原电池的工作原理建立双液原电池模型。【迁移性教学目标】

（4）能运用双液原电池模型设计简单的锌铁双液原电池，建立认识双液原电池的稳定思路。【迁移性教学目标】

（依据板块的素养功能、任务活动、三类教学内容与教学重难点、发展需求分析提炼得到；其中第1条教学目标对应板块一，第2、3条教学目标对应板块二，第4条教学目标对应板块三）

2. 评价目标

（1）能从宏观与微观相结合的视角，用语言表达单液原电池的工作原理。【表现型评价目标】

（2）能说明单液原电池不足的原因，能从实验现象和微观粒子移动的视角分析盐桥的作用。【表现型评价目标】

（3）通过分析双液原电池构成要素和工作原理，诊断并发展对双液原电池模型的认识水平。【内容型评价目标】

（4）能从宏观与微观相结合的视角，用语言和示意图表达锌铁原电池的工作原理。【表现型评价目标】

（依据学业要求、学业质量水平、发展需求和教学目标生成。其中第1条评价目标对应板块一，第2、3条评价目标对应板块二，第4条评价目标对应板块三）

● **教学重点与难点**

1. 教学重点

（1）认识盐桥及其作用。

（2）构建双液原电池模型。

（依据内容架构图与其他内容联系的紧密程度、核心板块的内容、发展核心素养的功能三个方法对三类教学内容进行提炼整合得到）

2. 教学难点

（1）盐桥的作用。

（2）双液原电池工作原理。

（3）原电池认识思路模型的建立。

（依据设计较高素养水平对应的内容、涉及较高认知要求动词的学业要求对应的内容、涉及文献提到的有认知困难障碍的内容和基于经验的判断进行分析生成）

●教案设计

1. 教学流程

教学流程见图 10.9。

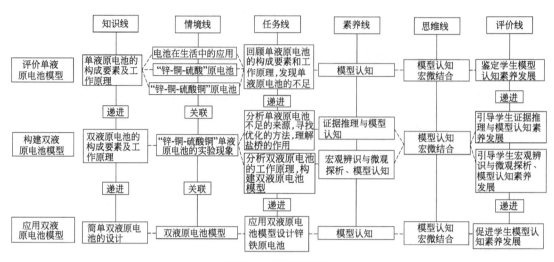

图 10.9 教学流程图

2. 教学过程

教学环节	师生活动	设计意图
	板块一 评价单液原电池模型	
	情境素材:生活中的电池、"锌-铜-硫酸"原电池、"锌-铜-硫酸铜"原电池。 问题:1. "锌-铜-硫酸"原电池是如何实现化学能转化为电能的? 2. "锌-铜-硫酸铜"原电池装置中有哪些实验现象?	
任务 1.1:回顾单液原电池的构成要素和工作原理(5 min)	活动 1.1.1:教师展示日常生活中的电池,引出学习内容——原电池的原理。 【教师引导】教师展示日常生活中的电池,比如遥控器中的干电池、汽车中的铅蓄电池、电子产品中常用的锂电池。   【教师提问】生活中的电池都是依据什么原理制成的? 【学生回答】原电池的工作原理。 活动 1.1.2:教师引导学生回顾"锌-铜-硫酸"单液原电池,分析工作原理,并让学生依据原电池工作原理、运用锌与硫酸铜反应的方程式,设计原电池。 【教师提问】在必修阶段,我们曾经学习过"锌-铜-硫酸"原电池,它是如何实现化学能转化为电能的? 【学生回答】锌作负极,失去电子,发生氧化反应;铜作正极,溶液中的氢离子在铜	将化学与生活紧密联系,激发学生的学习兴趣;通过设计"锌-铜-硫酸铜"原电池,诊断并发展学生对单液原电池的认识水平,进一步发展单液原电池的认识思路模型。

教学环节	师生活动	设计意图
任务1.1：回顾单液原电池的构成要素和工作原理(5 min)	上得到电子，发生还原反应，电子由负极通过导线流向正极，溶液中阴、阳离子发生定向移动。 【教师总结】因此，原电池的工作原理，本质上是自发的氧化还原反应。同学们能否依据"$Zn+CuSO_4=ZnSO_4+Cu$"这个氧化还原反应，设计一个原电池？并画出该原电池的工作原理示意图。 【学生活动】学生依据教师提供的氧化还原反应，设计出如下原电池： 负极(Zn)：$Zn-2e^-=Zn^{2+}$ 正极(Cu/Pt)：$Cu^{2+}+2e^-=Cu$ 电解质溶液：含有Cu^{2+}的溶液，如$CuSO_4$溶液。 该原电池的工作原理示意图：	将化学与生活紧密联系，激发学生的学习兴趣；通过设计"锌-铜-硫酸铜"电池，诊断并发展学生对单液原电池的认识水平，进一步发展单液原电池的认识思路模型。
任务1.2：发现单液原电池的不足(5 min)	活动1.2.1：教师事先提供铜片、锌片、导线、电流表、硫酸铜电解质溶液、烧杯等实验仪器，让学生动手搭建"锌-铜-硫酸铜"原电池装置。 【教师引导】请同学们根据刚才设计的"锌-铜-硫酸铜"原电池，运用提供的实验仪器，动手搭建"锌-铜-硫酸铜"原电池装置。 【学生实验】学生以小组为单位，合作搭建"锌-铜-硫酸铜"原电池装置。 活动1.2.2：教师让学生记录"锌-铜-硫酸铜"原电池装置中的实验现象。 【教师提问】"锌-铜-硫酸铜"原电池装置中有哪些实验现象？ 【学生回答】一开始观察到锌片不断溶解，铜片上有红色物质生成。现在观察到锌片上有红色物质生成。 【教师提问】电流表读数有什么变化？ 【学生回答】电流表指针发生不稳定的偏转。	实验活动培养学生的动手能力和合作意识，并引导学生从宏微的视角评价单液原电池模型，加深学生对原电池模型的认识。
板块二 构建双液原电池模型		
情境素材：板块一中锌铜单液原电池(电解质：硫酸铜)的实验现象 问题：锌铜单液原电池锌极表面有红色物质生成说明了什么？		
任务2.1：分析单液原电池不足的原因(3min)	活动2.1.1：教师提问学生锌极表面有红色物质生成的微观实质，学生回答。 【教师提问】锌极表面有红色物质生成，请写出其发生的化学反应，指出化学反应发生的位置。 【学生回答】书写化学反应方程式，指出化学反应发生的位置在锌极表面。 活动2.1.2：教师提问电流衰减的原因，学生分析并解释电流衰减的原因。 【教师提问】电流表的电流为什么会衰减？请分析其微观原因。 【学生回答】分析电流衰减的原因，并进行回答说明。	引导学生深入认识单液原电池并发现其缺点，通过宏微结合的视角认识并解释电流表电流衰减的原因，发展学生的宏观辨识与微观探析素养和证据推理与模型认知素养。

教学环节	师生活动	设计意图
任务2.2：理解盐桥的作用（7min）	活动2.2.1：教师引导学生进行单液原电池装置的优化实验。 【教师引导】为了避免电流衰减，需让锌极与硫酸铜溶液不接触，那就可以考虑把正负极反应分开在两个烧杯中进行，但此时不能构成闭合回路。 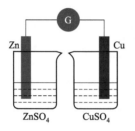 【教师提问】选择电子导体（铜线）还是离子导体（饱和氯化钾溶液）构成闭合回路呢？请同学们进行实验验证一下，记录电流表的读数。 【学生实验】进行实验，记录电流表的读数。 【教师提问】实验的结果怎么样？ 【学生回答】回答实验结果与简单的结论。 【教师讲解】非常好，也就是说，我们要选择饱和氯化钾溶液来构成闭合回路。像饱和氯化钾溶液这种作为离子导体的经过特殊处理的电解质溶液叫作盐桥。为了进一步理解盐桥的作用，现在请同学们观察演示实验、记录实验现象。 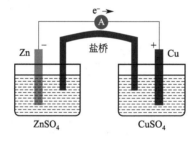 活动2.2.2：教师进行有无盐桥的两个演示实验，提问盐桥具有的功能；学生分析盐桥的作用，并进行描述说明。 【教师演示】分别进行有无盐桥构成闭合回路的实验。 【学生观察】观察并记录实验现象。 【教师提问】请同学们分析盐桥的作用是什么？为什么加入盐桥后电流表有示数？ 【学生回答】盐桥的作用是：构成闭合回路。 【教师追问】请问盐桥中的钾离子、氯离子的移动方向是怎么样的？ 【学生回答】钾离子向正极（铜电极）移动，氯离子向负极（锌电极）移动。 【教师引导】老师用盐桥搭建好原电池装置，持续进行实验，请同学们注意观察并记录实验现象。 【学生观察】观察并记录实验现象。 【教师提问】大家观察到的电流表的示数是多少？前后是否发生改变？ 【学生回答】电流表的示数是××，前后没有发生改变。 【教师提问】双液原电池对比单液原电池具有什么优点？为什么会有这个优点？ 【学生回答】双液原电池的电流不会衰减，因为铜离子与锌电极没有直接接触，避免副反应的发生。	让学生从电流表上收集证据，解释加入盐桥后电路中有电流通过的原因；从电流表上示数变化收集证据，解释从单液原电池改为双液原电池后电流不再衰减的原因，发展证据推理素养。帮助学生分析出单液原电池电流减少的关键原因之后，寻找优化的方法，发展学生的模型认知素养。 学生对盐桥的认识来源于学生自己的主动探索与分析，充分体现了知识的构建性，发挥学生学习的主体地位与教师的引导作用。

续表

教学环节	师生活动	设计意图
任务2.3:分析双液原电池的工作原理(6 min)	活动2.3.1:教师提问锌铜双液原电池中的正负极反应,学生进行回答,教师对学生的回答做出即时评价。 【教师提问】同学们观察到正负极的实验现象是什么? 【学生回答】Zn 棒逐渐变细,Cu 棒上有红色物质附着。 【教师提问】根据我们观察到的锌铜双液原电池中正负极的实验现象,同学们能得出正负极发生了什么反应吗? 试着从氧化还原的角度分析什么物质和什么物质反应生成了什么物质。 【学生回答】思考并回答:负极的 Zn 应该发生了氧化反应变为 Zn^{2+} 进入溶液中,正极 Cu^{2+} 发生还原反应变为 Cu 单质附着在 Cu 棒上。 【教师点评】很好,说明大家能根据观察到的现象证据并结合老师的提示推理出正负极发生的氧化还原反应。 活动2.3.2:教师让学生用化学符号表征正负极发生的反应,并进行及时评价,最后总结双液原电池的工作原理。 【教师提问】请一位同学可以在黑板上用离子方程式表示刚才分析出的正负极发生的电极反应和总反应。 【学生书写】在黑板上写负极:$Zn - 2e^- = Zn^{2+}$,正极:$Cu^{2+} + 2e^- = Cu$,总反应:$Zn + Cu^{2+} = Zn^{2+} + Cu$。 【教师点评、总结】在锌铜双液原电池工作时,负极的 Zn 失去电子变成 Zn^{2+} 进入溶液中,正极溶液中的 Cu^{2+} 得到电子变成 Cu 单质附着在 Cu 棒上,电子由负极通过导线流向正极,盐桥中的 Cl^- 流向 $ZnSO_4$ 溶液,K^+ 流向 $CuSO_4$ 溶液,使得 Zn 和 Cu^{2+} 之间的氧化还原反应持续进行,锌铜双液原电池不断产生电流。这就是锌铜双液原电池的工作原理。	通过问题驱动的方式让学生思考锌铜双液原电池中发生的反应,同时引导学生观察 Zn 棒和 Cu 棒的变化,提示从氧化还原角度思考溶液中微粒发生的反应,学会用离子方程式表示,发展学生的宏观辨识与微观探析素养。学生能基于观察到的 Zn 棒和 Cu 棒的现象证据,结合已经学过的 Zn 和 Cu^{2+} 发生的氧化还原反应推理出正负极分别发生了什么反应。教师总结锌铜双液原电池工作原理为后面建立双液原电池模型铺垫。
任务2.4:构建双液原电池模型(6 min)	活动2.4.1:教师让学生以图示的形式表示锌铜双液原电池工作原理,最终在师生共同讨论下绘制出双液原电池的模型图。 【教师指导】请同学们用图示的形式表示黑板上写的正负极发生的电极反应、阴阳离子的移动和电子的移动。指导学生初步绘制模型图。 【教师提问】请同学展示自己画的图。 【学生展示】展示自己画的模型图。 【教师点评】很好,这位同学在图上的左边写了负极的电极反应,右边写了正极的电极反应。在中间表示了 Zn^{2+} 从 Zn 棒向溶液移动,Cu^{2+} 从溶液向 Cu 棒移动,盐桥中的 Cl^- 向 $ZnSO_4$ 溶液移动,K^+ 向 $CuSO_4$ 溶液移动。电子通过导线由负极向正极移动。 【教师总结】在两位同学展示的模型图基础上完善双液原电池模型,板书完整的双原液电池模型。 活动2.4.2:教师强调双液原电池模型中各个组成部分的含义,并解释说明为什么要构建双液原电池的模型,为板块3中设计简单双液原电池铺垫。 【教师提问】双液原电池模型中各个组成部分的作用 【学生讨论】学生小组讨论后依次回答每个组成部分的作用 【教师总结】教师总结学生的回答并总结说明双液原电池的模型的优点	引导学生构建双液原电池模型,并思考其价值,使本节课不仅停留在知识和技能层面,还培养学生学以致用的价值观,为板块三铺垫。
	板块三 应用双液原电池模型	
	情境素材:板块二所设计的双液原电池模型 问题:如何设计简单的双液原电池?	
任务3.1:应用板块二所构建的双液原电池模型设计锌铁原电池(8 min)	活动3.1.1:学生小组应用双液原电池模型设计锌铁原电池,并进行展示汇报。 【教师提问】请同学们根据双液原电池模型设计锌铁双液原电池。 要求:	基于板块二构建的双液原电池模型设计陌生双液原电池,深化学生对双液原电池模型的理解,提升学生运用模型的能力。

续表

教学环节	师生活动	设计意图
任务 3.1：应用板块二所构建的双液原电池模型设计锌铁原电池（8 min）	（1）写出正极、负极、总反应方程式； （2）选择合适的正极、负极材料、电解质溶液（　） | 选项	正极（金属/电解质溶液）	负极（金属/电解质溶液）
A	$Zn/ZnSO_4$	Fe/H_2SO_4
B	$Fe/FeCl_2$	$Zn/ZnSO_4$
C	Zn/H_2SO_4	$Fe/FeCl_2$
D	$Fe/ZnSO_4$	$Zn/FeCl_2$ | 【学生练习、展示】小组合作，应用双液原电池模型，按要求设计锌铁双液原电池，画出示意图，并进行展示汇报。 活动 3.1.2：教师对学生所设计的原电池装置进行评价，并总结简单原电池的设计思路。 【教师点评】对学生所设计的原电池示意图进行点评，引导学生归纳总结简单的原电池设计思路。 【学生完善】根据教师点评对小组设计的示意图进行修改，归纳简单双液原电池设计思路。 【教师总结】引导学生归纳总结本节课所学内容，并布置课后任务。 【课后任务】以 $Zn+CuSO_4 =\!=\!= ZnSO_4+Cu$ 反应为例，尝试改变正负极材料和正负极电解质溶液，设计简单的双液原电池。	通过对选择题和锌铁原电池示意图作答情况的交流和点评，诊断并发展学生应用双液原电池模型的能力水平。最终师生一起归纳总结简单原电池设计思路，有效突破学生的困难障碍点，引导学生形成稳定的认识思路，促进学生模型认知素养的发展。

● 板书设计（图 10.10）

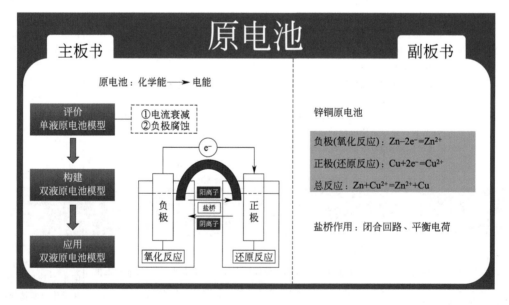

图 10.10　板书设计图

教师点评

优点：

1. 学情分析有理有据，依据翔实，能从知识-技能、思维-方法、价值-观念三个角度系统地分析学生已有基础、困难障碍和发展需求、KoL 水平较高。

2. 教学过程设计渗透建构主义的思想，特别是维果斯基的最近发展区理论，能基于学情分析选择素材，巧妙应用模型构建策略，板块间教学任务和活动环环相扣，逻辑紧密，KoL 和 KoS 联系紧密。

3. 教学过程注重化学核心素养的渗透，三个板块间素养水平循序渐进、不断提高，CTO 水平较高。

不足：

评价目标和任务没有真正落地，KoA 水平仍需提高，若能设计课堂交流与点评评价工具、课后习题及相应的评价工具则会更好。

● 案例二参考文献

[1] 中华人民共和国教育部. 普通高中化学课程标准［M］. 北京：人民教育出版社，2018.

[2] 刘胜文. 高二学生"原电池"前概念测查与教学研究［D］. 吉林：山东师范大学，2013.

[3] 闫婷婷. 不同教学策略对电化学迷思概念转变的有效性研究［D］. 临汾：山西师范大学，2018.

[4] 程宏伟. 高二学生"电化学"学习困难成因及对策分析［D］. 湖北：华中师范大学，2019.

[5] 李淑荣. "原电池"学习困难情况调查与教学策略研究［D］. 吉林：东北师范大学，2011.

[6] 程俊，柳先美. 基于学生认知障碍的原电池教学策略与实践探索［J］. 化学教与学，2020，(10)：2-6.

[7] 梁丹蕾. 高中生原电池模型认知能力调查研究［D］. 河北：河北师范大学，2019.

● 案例二附录

案例 3：金属的防护
——基于模型建构的教学视角

选自人教版高中化学选择性必修一第四章第三节

● 教学总体设计

1. 整体架构

本节课选自人教版高中化学选择性必修一第四章第三节"金属的腐蚀与防护"第二课时；授课对象为高二年级学生。

本节课聚焦于金属防护模型的构建，是基于模型建构的视角形成电化学结构化认识思路的综合运用。一方面通过学习外加电流法、牺牲阳极法这两种金属防护方法，形成基于四种模型的结构化认知；另一方面通过联系生活情境，如鸟巢钢、港珠澳大桥等，激发爱国情感，强化"理论联系实际""化学知识作用于社会生活"的意识。

根据核心素养导向下的CPU教学理论，本节课划分为"引入-设疑""关联-推理"和"拓展-归纳"三个教学板块，呈递进关系，侧重提升学生"模型认知"的核心素养水平，以"1234"的总体设计思路（图10.11）为指引。

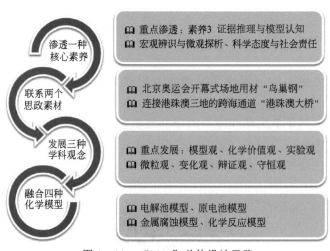

图 10.11 "1234"总体设计思路

2. 设计特色

（1）渐进化。

根据课程标准的内容要求，本节课聚焦"金属的防护"，要求学生能够了解金属的4种防护方法及原理。同时，作为氧化还原反应这一核心概念的延伸，我们希望学生能够在初中

本案例由邓峰指导，2018级本科生石子欣设计撰写，该案例曾获第九届广东省本科高校师范生教学技能大赛化学组一等奖

学习金属腐蚀及防护的基础上,深入理解金属防护的本质,结合电化学知识,设计电化学防护方法。

同时,本节课作为本章最后一课时,课堂定位更多凸显应用二字,具备真实问题和整合应用的双重挑战,对于刚学完电化学知识的高中生来说,仍然存在困难。为了突破教学难点,本节课采取板块化教学设计理论,将课程分为三个板块。通过三个教学目标,引领教-学-评活动的设计,循序渐进,突破教学难点,见图10.12。

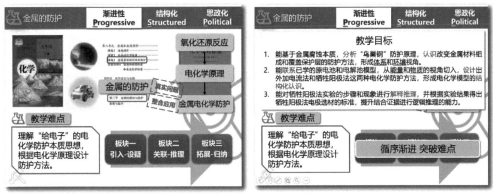

图 10.12 progressive 渐进化

(2) 结构化。

本节课的教学重点落足在外加电流法与牺牲阳极法的原理上。根据教学重点,我们进行教学内容的结构化分析,不难发现,本节课的两个关键内容,外加电流法、牺牲阳极法都与电解池、原电池以及金属的腐蚀紧密关联,要求教师在教学中渗透模型观。基于内容的结构化分析,我们进行了教学任务的逻辑化设计。本节课有4个教学任务。首先,学生回顾金属腐蚀,基于体系和环境两视角学习改变组成和覆盖保护层的方法,接着学生由浅入深,在氧化还原反应中得失电子这一思路的指导下,基于能量、物质两视角学习外加电流法和牺牲阳极法,真正实现知识的结构化,突显关键视角和认知思路,见图10.13。

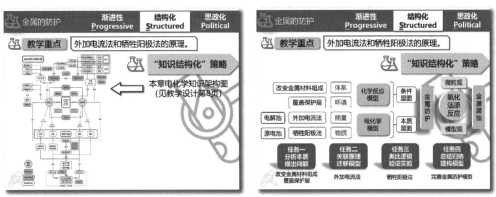

图 10.13 structured 结构化

(3) 思政化。

本节课选择鸟巢和港珠澳大桥作为课堂情境,抓住的是情境的时代性和真实性,同时挖掘其中的思政价值。鸟巢引出改变组成和覆盖保护层的方法,港珠澳大桥作为外加电流法和牺牲阳极法的衔接,课后作业融入越王剑和电热水器的素材,希望能够让学生在真实的社会情境中建构知识,培养对国家的认同感,感受化学学科的魅力,见图10.14。

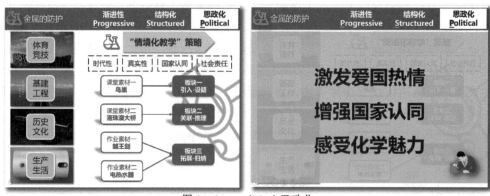

图 10.14　political 思政化

● 教学内容分析

1. 课标分析

"金属的防护"在《普通高中化学课程标准》中对应选择性必修模块 1 化学反应原理的主题 1——化学反应与能量。通过对课标（图 10.15～图 10.17）分析，可得到如下三类具体教学内容：

 内容要求

1.3　化学反应与电能

认识化学能与电能相互转化的实际意义及其重要应用。了解原电池及常见化学电源的工作原理。了解电解池的工作原理，认识电解在实现物质转化和储存能量中的具体应用。了解金属发生电化学腐蚀的本质，知道金属腐蚀的危害，了解防止金属腐蚀的措施。

图 10.15　《普通高中化学课程标准》"内容要求"截图

 教学策略

充分利用铜-锌双液原电池、铅蓄电池、氢氧燃料电池、电解熔融氯化钠和电解饱和食盐水等案例素材，组织学生开展分析解释、推论预测、设计评价等学习活动，发展学生对原电池和电解池工作原理的认识，转变偏差认识，促使学生认识到电极反应、电极材料、离子导体、电子导体是电化学体系的基本要素，建立对电化学过程的系统分析思路，提高学生对电化学本质的认识。

教学中应创设真实情境（如不同应用情境中燃料的选择，化工生产路线的选择等），组织学生开展基于能量利用需求选择反应、设计能量转化路径和装置等活动，形成合理利用化学反应中的能量变化的意识和思路，提升"科学探究与创新意识"和"科学态度与社会责任"的化学学科核心素养。

图 10.16　《普通高中化学课程标准》"教学策略"截图

 具体内容

知识-技能类：
（1）金属电化学腐蚀的本质原理、危害及防护措施；
（2）化学能与电能相互转化的实际意义及其重要应用；
（3）电化学体系的基本要素。

思维-方法类：
（1）电化学过程的系统分析思路；
（2）实验探究活动；
（3）调查交流讨论。

学习活动建议

（1）**实验及探究活动**：双液电池的构成及其工作原理；制作一个简单的燃料电池；锌锰干电池的探究；电解氯化铜溶液；电解饱和食盐水；简单的电镀实验；吸氧腐蚀；暖贴的设计。

（2）**调查与交流讨论**：调查家庭使用煤气、天然气、液化石油气、煤等的热能利用效率，提出提高能源利用率的合理化建议；查阅资料，了解人类社会所面临的能源危机及未来新型能源；讨论选择燃料的依据；查阅资料，了解火箭推进剂的主要成分；调查市场常见化学电池的种类，讨论这类电池的工作原理、生产工艺和回收价值；**讨论防止钢铁腐蚀的方法**；查阅资料，了解电解在化工生产中的应用；讨论电镀工业对环境造成的影响。

价值-观念类：
（1）实验观；
（2）化学价值观；
（3）模型观。

图 10.17 《普通高中化学课程标准》"学习活动建议"截图

2. 教材分析

教材分析见图 10.18。

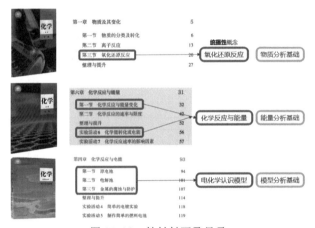

图 10.18 教材封面及目录

 教材解读

本节课所属章节围绕"化学反应与电能"展开，涉及化学知识较广，是对金属活动顺序、电离、离子反应、氧化还原反应以及化学反应的能量变化等知识的综合运用。该主题既是对必修第一册"氧化还原反应"和必修第二册"化学反应与能量变化"的延伸拓展，也是对本章第一、二节所建立的电化学认知模型的深化巩固，体现了教材循序渐进的编排意图。同时，本节课要求学生从金属腐蚀本质出发，设计并掌握金属防护的措施，深化学生对金属腐蚀的认识，建立起对电化学模型的结构化认识思路。

3. 学科理解

本章节包括两部分内容：金属的腐蚀和金属的防护，而本节课的讲授重点为引导学生基于金属腐蚀的本质，结合原电池和电解池模型设计两种金属的电化学防护方法，完善电化学认知模型（如图 10.19 所示）。

案例 3：金属的防护——基于模型建构的教学视角   155

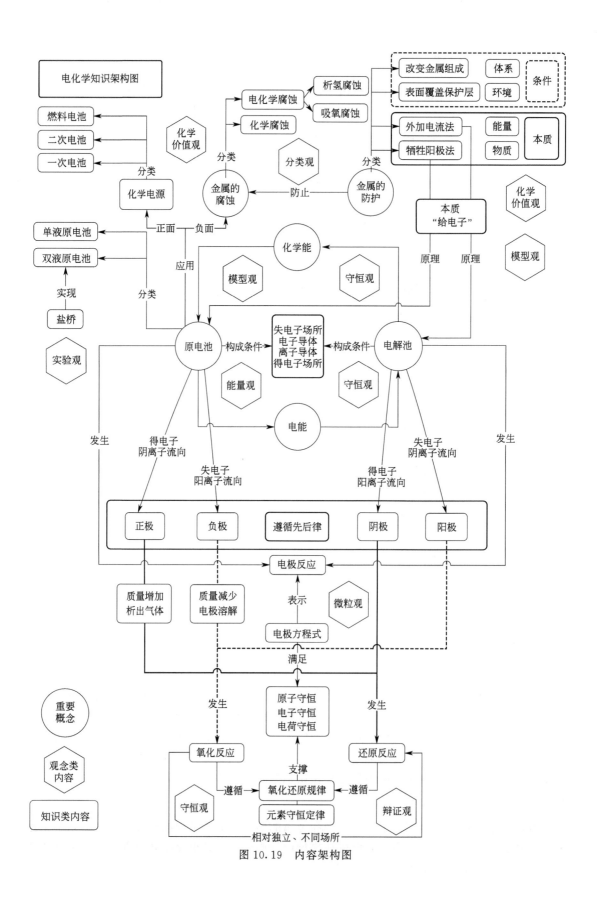

图 10.19 内容架构图

4. 社会背景

社会背景如图 10.20、图 10.21 所示。

图 10.20 被腐蚀的印度豪拉大桥

图 10.21 被腐蚀的青铜器

社会背景

自金属材料诞生，金属的腐蚀便不曾停歇。生活中很多事物都存在着金属腐蚀的身影，其中以电化学腐蚀最广泛。金属腐蚀不仅易导致机器设备、仪器仪表的精度和灵敏度降低，还会使桥梁、建筑物的金属构架强度降低而造成坍塌等事故。因此，基于对金属腐蚀的了解，采取有效措施防止金属腐蚀具有重要意义。

5. 文献综述

借助中国知网、中国期刊网等文献网站，共查阅开展金属的防护教学及其他相关文献 65 篇。其中关于金属防护教学设计论文 28 篇，文献中均提到这一节知识的关键在于形成基于金属腐蚀本质设计防护措施的思路，同时强调结合生活情境渗透化学价值观。富含模式创新、素养视角的文献共计 5 篇，涉及技术素养、传感器探究、STEM 项目、数字化实验等各种教学方式，如图 10.22 所示。

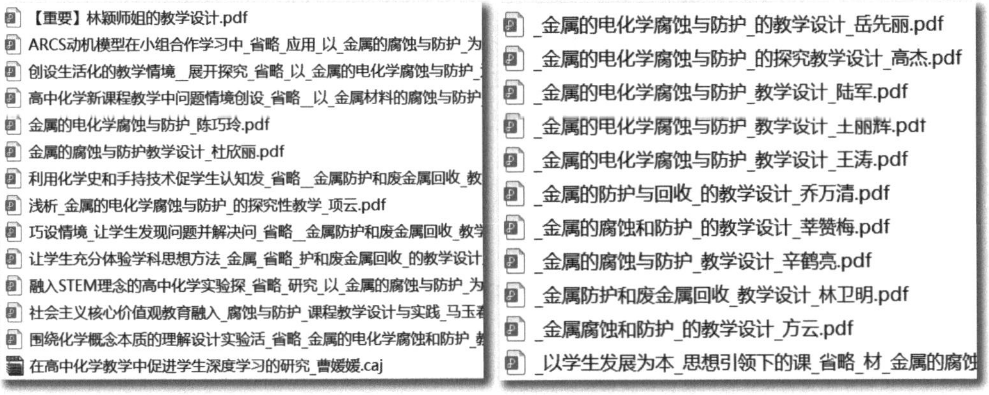

图 10.22 文献检索

● 学情分析

为体现"以学生为本"的教学理念，根据课标的素养水平要求、文献调查与学习经验等依据，可分析出授课对象——高二年级学生——整体的已有基础、发展需求和学习困难障碍。

知识·技能类
- **已有基础**：学生已掌握原电池、电解池的概念、原理及基本构成要素；了解电化学腐蚀原型，具备设计、分析和推理的能力。
- **发展需求**：基于原电池和电解池设计两种电化学防护方法，完成实验并提取相应证据进行合理推理。
- **困难障碍**：难以结合所学设计防护方法；难以从实验中提取相应证据并分析。

思维·方法类
- **已有基础**：学生已形成原电池和电解池模型认知思维，能从电化学视角分析金属腐蚀现象。
- **发展需求**：基于金属腐蚀、原电池和电解池模型，形成金属防护模型。
- **困难障碍**：缺少电化学知识的结构化联系

价值·观念类
- **已有基础**：学生已初步形成化学价值观，能从绿色化学角度对社会热点进行分析；已积累许多金属腐蚀和防护的生活常识。
- **发展需求**：通过结合实际案例学习金属防护的设计思路，强化将所学运用于实际的观念。
- **困难障碍**：模型化和从化学角度分析,生产生活知识的观念较薄弱。

心理特点
- **优点**：求知欲强，喜欢真实情境和实验。
- **缺点**：注意力难以长时间集中，大部分学生存在惧难心理。

针对学生的不足，可针对性地提出相应的教学对策，以保障良好的教学效果。

> **知识-技能类**：重视建构主义理论，运用引导性语句引发学生积极关联所学；运用小组合作模式，引导学生积极思考、分析实验。

> **思维-方法类**：提供脚手架，及时归纳和梳理知识结构，显化电化学的认识视角和认识思路。

> **价值-观念类**：绘制模型图，令其直观感受电化学模型；呈现真实情境，从学生的生活常识入手。

> **学生心理特点**：积极与学生互动，结合真实任务，运用多媒体技术丰富课堂内容。

● 教学目标

（1）能基于金属腐蚀本质，从体系和环境的视角，分析"鸟巢钢"防护原理。（建构性）

（2）能联系已学的原电池和电解池模型，从能量和物质的视角切入，设计出外加电流法和牺牲阳极法这两种电化学防护方法，形成电化学模型的结构化认识。（迁移性）

（3）能对牺牲阳极法实验的步骤和现象进行解释推理，并根据实验结果得出牺牲阳极法电极选材的标准，提升结合证据进行逻辑推理的能力。（迁移性）

● 评价目标

（1）通过回顾金属腐蚀模型，对"鸟巢钢"的防护措施原理进行交流与点评，诊断"体系-环境"视角的建构，发展学生解析素材的能力，激发爱国情感。（表现型）

（2）通过回顾原电池和电解池模型，对外加电流法和牺牲阳极法的原理进行交流与点评，诊断学生"物质-能量"视角的形成，发展学生关联类比的能力。（表现型）

（3）能说明牺牲阳极法实验的各步骤的作用，并通过分析实验现象，得出牺牲阳极法的选材要求，诊断并发展学生提取证据、合理论证的能力。（表现型）

● 教学重难点

> **教学重点**：
> 认识金属的电化学防护方法原理，即外加电流法和牺牲阳极法的原理。

> **教学难点**：
> 1. 基于氧化还原反应这一核心概念的指导，抽提出"给电子"的金属电化学防护本质思想。
> 2. 根据电化学原理设计金属防护的措施。

● 教学过程

	板块一　引入-设疑	
教学环节	教-学-评活动	设计意图
任务1 （2min） 分析本质	【教师引申】从今年暑假的热点话题"奥运会"，引出2008年我国举办了北京奥运会，提问开幕式会场地址，引出"国家体育馆——鸟巢"，为下文鸟巢钢的介绍作铺垫。  【教师设问】复习上节课所学的铁的两种腐蚀方式，点出<u>金属腐蚀的微观实质是金属失电子被氧化</u>。提问学生"鸟巢"作为大型金属材料建筑，如何进行防腐？ 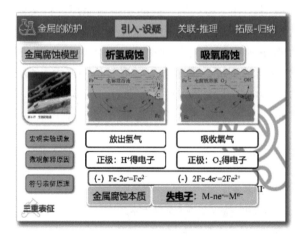 【学生思考】学生阅读资料卡片，讨论并回答鸟巢主要成分为钢，更耐腐蚀，同时"鸟巢钢"表面涂抹了氟碳面漆，可以隔绝氧气。 【教师归纳】教师点出"鸟巢钢"为合金，耐腐蚀性能比纯金属更好，引出<u>改变金属材料组成的方法</u>，强调这是从金属材料本身，即<u>体系</u>的角度考虑的。随后点出氟碳面漆隔绝氧气的本质为隔绝环境中的氧化剂，引出<u>在金属表面覆盖保护层</u>的方法，强调这是从<u>环境</u>的角度考虑的。	1. 结合"鸟巢"的素材，契合时事热点，激发爱国情感，体现课程思政。 2. 回顾金属的腐蚀模型，利用旧知识搭建"脚手架"，引导学生基于金属腐蚀本质思考防护方法。

续表

	板块一 引入-设疑	
教学环节	教-学-评活动	设计意图
任务1 (2min) 分析本质	[图示:金属防护模型] 金属腐蚀模型 奥运鸟巢钢——体系 ①改变组成（改变反应物） 环境 ②覆盖保护层（隔绝氧化剂） 港珠澳大桥——能量 ①外加电流法（电解池原理） 物质 ②牺牲阳极法（原电池原理） 模型认知 【教师梳理】教师说明上述两种方法，前者改变反应物，后者隔绝另一种反应物，破坏了化学反应的要素条件，是基于条件层面的防护方法。随后回顾金属腐蚀本质，点出金属腐蚀隐含定量思想，接着从氧化还原角度提出"要防止金属腐蚀，即防止金属失电子，可以采取让金属得电子，即给电子的方法"。通过给电子使金属电子处于"盈余"状态，防止金属失电子，突出给电子这一本质思想。 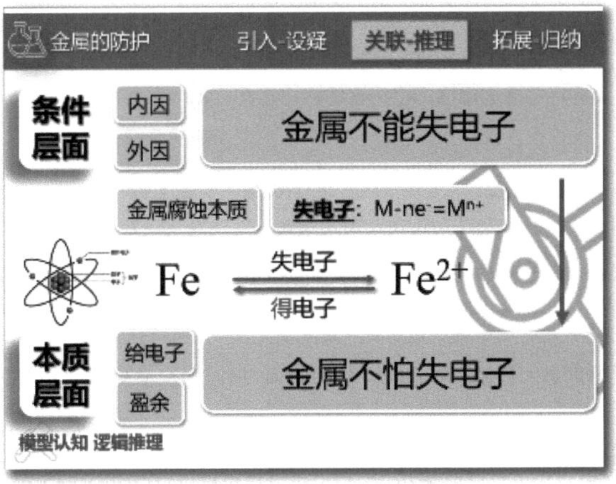 [图示:] 条件层面 内因/外因 → 金属不能失电子 金属腐蚀本质 失电子：$M-ne^-=M^{n+}$ $Fe \xrightleftharpoons[得电子]{失电子} Fe^{2+}$ 本质层面 给电子/盈余 → 金属不怕失电子 模型认知 逻辑推理 【提出问题】承接"给电子"的本质思想，提出疑问"要如何给电子?"，引出外加电流法和牺牲阳极法。	3. 结合鸟巢的真实情境素材，学习基于体系角度的防护方法——改变金属材料的组成，基于环境角度的防护方法，即在金属表面覆盖保护层，显化其中的体系-环境思维。 4. 通过回顾金属腐蚀本质，从氧化还原反应得失电子的思路切入，引出"给电子"这一本质思想，作为后续学习外加电流法和牺牲阳极法的核心思想。
	板块二 关联-推理	
教学环节	教-学-评活动	设计意图
任务2 (3min) 关联模型	【学生回答】可以通电。 【教师引导】教师说明通电意味着从环境向体系中输入电能，电能可以转化为化学能，提问可以联想到什么知识? 【学生回答】学生回答电解池。 【教师提问】教师提问根据电解池原理，结合"给电子"的思想，应当将要保护的金属设计成哪个电极?	1. 从能量角度切入，并根据"给电子"的本质思想，关联电解池模型，介绍外加电流法及其原理。

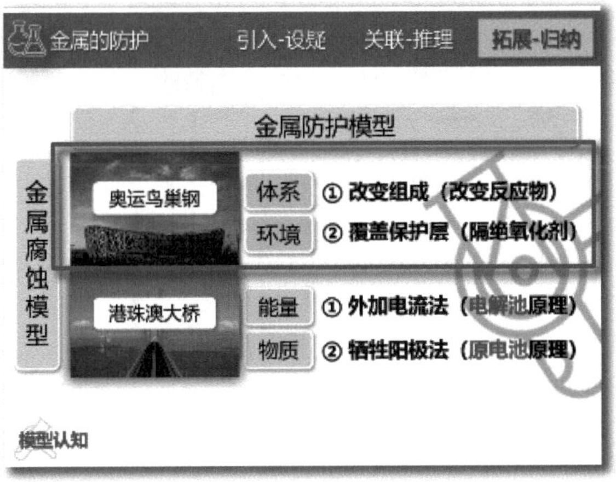

续表

	板块二 关联-推理	
教学环节	教-学-评活动	设计意图
任务2 （3min） 关联模型	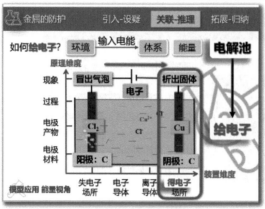 【学生回答】学生回答阴极。 【教师归纳】教师点出得电子场所可以实现给电子的目标，概括说明<u>外加电流法</u>的原理，显化能量视角设计思路。同时埋下伏笔：持续通电需要耗费电能，这种方式不适用于大型建筑的防护，引出绿色化学观念，提问有没有更环保的方法？ 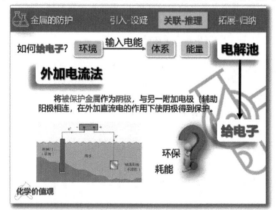	2. 通过"持续通电消耗能源"的问题，引出绿色化学观念，树立节能和保护环境的意识。
任务3 （4min） 类比推理	【教师引导】教师展示港珠澳大桥使用寿命120年的新闻，提问学生港珠澳大桥的防护措施。 【学生回答】学生阅读港珠澳大桥的资料卡片，讨论并回答出港珠澳大桥使用了新型涂层技术，并通过在海水中安装牺牲阳极，从而实现保护阴极。 	1. 结合港珠澳大桥的素材，发展社会观，激发爱国热情。

续表

	板块二 关联-推理	
教学环节	教-学-评活动	设计意图
任务3 （4min） 类比推理	【教师引导】教师说明新型涂层技术对应"在金属表面覆盖保护层"的方法，并针对"牺牲阳极实现阴极保护"设置疑问——何为牺牲阳极？随后提问学生金属电化学腐蚀的本质是什么？ 【学生回答】学生回答电化学腐蚀的本质是形成原电池。 【教师提问】教师提问学生在原电池中被腐蚀的金属处于哪个电极？ 【学生回答】学生回答出被腐蚀即失电子，处于原电池的失电子场所——负极。 【教师引导】教师提问学生现在要保护金属，结合"给电子"的思想，可以将被保护的金属设置为哪个电极？ 【学生回答】学生回答可设置为得电子场所——正极。 【教师归纳】教师点出这种方法通过牺牲负极，牺牲一种金属，使得处于得电子场所的正极得到保护，即保护另一种金属，是基于<u>物质视角</u>的方法，称为<u>牺牲阳极法</u>。 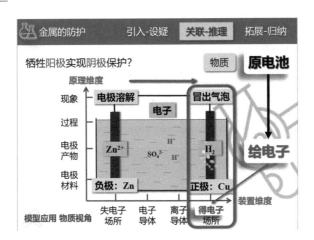 【教师提问】教师点出牺牲阳极法基于原电池原理，原电池的电极选材是原电池装置的关键，提问牺牲阳极法的电极选材有何要求？引出牺牲阳极法的实验。 【师生互动】教师引导学生回顾导学案的实验步骤，逐一提问各步骤的作用，并展示提前做好的牺牲阳极法实验模型，请学生观察装置、记录并分析现象。 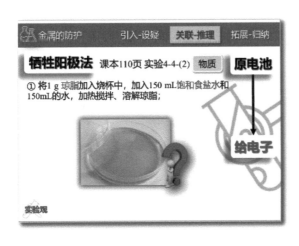	2. 从物质视角切入，并根据"给电子"的本质思想，介绍牺牲阳极法及其原理。

续表

	板块二 关联-推理	
教学环节	教-学-评活动	设计意图
任务3 （4min） 类比推理	【教师提问】教师提问学生观察到什么实验现象，并由此可以得出什么结论？ 【学生回答】学生回答出绑有铜丝的铁棒一侧形成了蓝色沉淀，说明有亚铁离子生成，铁被腐蚀，作为原电池的负极。绑有铝丝的一侧没有生成蓝色沉淀，说明铁得到保护，作为原电池的正极。 【教师归纳】教师评价学生的作答并进行补充，说明在使用牺牲阳极法的时候，需要选择比被保护金属的活泼性更强的金属作为负极。	3. 通过分析实验步骤及现象，认识牺牲阳极法电极选材标准，强化学生的实验观，发展分析解释能力。

	板块三 拓展-归纳	
教学环节	教-学-评活动	设计意图
任务4 （2min） 建构模型	【教师拓展】教师设置疑问"为什么明明是牺牲负极，却称为牺牲阳极法？"，利用国际标准说明在电化学防护中统一将失电子场所称为阳极，将得电子场所称为阴极。 【教师归纳】教师梳理本节课的思路，突出4种金属防护方法的关键视角，概括金属的防护模型。	1. 系统概括原电池和电解池电极的关系，突出阴极-阳极这一套命名方式及本质区别，完善电化学认知模型。 2. 梳理本课脉络，完善金属的防护模型。
	【课后作业】教师布置三项课后作业，要求学生先完成自我调控单进行自我评价，再选择合适难度的题目进行练习，最后完成一项小组任务，合作讨论"春秋战国的金戈铁马"或者"家居必备的电热水器"。	

● 教学流程图

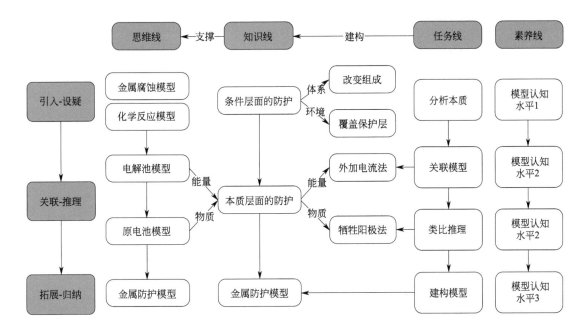

● 板书设计

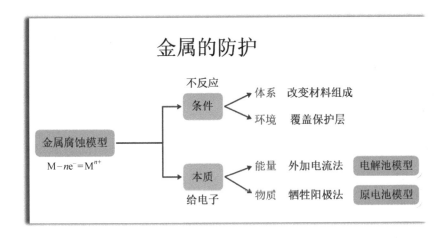

● 教学评价

1. 评估方法

(1) 通过课堂观察、课堂问答与及时反馈点评了解学生的听课状态和效果；

(2) 通过导学案填写情况评价学生课堂学习情况；

(3) 在课堂复盘问卷中引入课堂教学评价指标和评价标准的量表。

2. 评估量表

一级目标		二级目标	评价结果（选项下打√）			备注
			A	B	C	
基本要求	1. 教学目标	科学性				
		适切性				
	2. 教学过程	学生参与				
		有效有序				
		关注差异				
	3. 教学氛围	师生关系				
		生生关系				
	4. 教学效果	掌握知识技能				
		形成认识思路				
		树立价值观念				
	5. 核心素养	宏观辨识与微观探析				
		证据推理与模型认知				
		科学态度与社会责任				

教学特色（发展性）：

教学不足（改进性）：

●案例三附录一教材截图

●案例三附录二课堂导学案（截图）

学生反思

当我第一次接触 CPU 系统设计理论的时候，我觉得这是一个非常令人着迷且实用的理论。虽然在刚开始学习 CPU 以及进行实际应用操作的时候，我的确遇到了不小的困难，但是从中也获益良多。通过大三上学期的学习成长，我在参加省师范技能大赛时已经能够较为熟练地使用 CPU 了，它的使用并非局限在教学设计领域，在我的说课以及真实的授课中也起到了深刻及重要的作用。

我觉得对待 CPU 系统设计理论要保持一种"慎终如始、绵绵用力"的心态。要始终坚持教学设计的自洽性，并且致力于使自己的教学设计条理清晰、逻辑畅通。同时，在使用该理论进行设计时，要逐步推进，不能操之过急。每一步真实有力的分析调整与完善，都将在最后的成果中发挥关键作用。

教育的本质是一个灵魂唤醒另一个灵魂，合理使用并真正落实 CPU 系统设计理论，在我们成长为一名真正的研究型教师的路上，具有重要且深远的意义。

学生作业示例

附录　333 设计导引

A　任务分析

A1　内容架构分析

A1.1　教学内容（知识技能、认识方法、价值观念）的范畴分析

　　（1）课程内容—教科书内容—教学内容（KoC-CTO）

　　注：课程内容可参考"内容要求""学习活动建议""情境素材建议""学业要求"；教材内容可参考章引言、所在章节的标题、各个栏目（如实验活动、思考与讨论、科学史话、方法导引、资料卡片……）；基于二者再梳理归纳教学内容。

A1.2 教学内容（知识技能、认识方法、价值观念）的关系分析

（2）内容架构图（SMU-CTO）

注：可基于（1）绘制。

A2　板块功能分析

(3) 根据上述教学内容对该课时 (i) 进行板块划分与命名，并按需列出每个板块对应的具体教学内容，(ii) 论证板块之间的逻辑关系，(iii) 着重分析每个教学板块的素养功能定位及相应的素养水平（KoC-CTO）

注：板块间的逻辑关系可从内容、学科、认知、教学等逻辑论证；可参考课标附录1进行编码分析。

C1 生成"教学重点"：

注：可基于（1）~（3）共同提炼生成。

A3 学习特征分析（KoL-CTO）

（4）关于内容学习的发展要求、已有基础、困难障碍（迷思概念）

注："发展需求"可综合参考（2）和（3），表述方法见 PPT；"已有基础"可参考教材内容、文献、教学经验；"困难障碍"可参考文献、教学经验以及课前诊断。

C1 生成"教学难点"：

注：可综合参考（3）和（4）、学业要求及文献生成。

C2 初拟"迁移性教学目标"：

注：可基于（1）~（4）共同拟定，尤其参照（4）中的"发展需求"的表述方法（见 PPT）。

B 策略设计

B1 任务活动设计 / B2 情境问题设计（KoS-CTO）

板块解构 B 策略设计	板块1：	板块2：	板块3：	板块4：
B1 任务活动设计（KoS-CTO） (6)基于各板块教学内容的任务设计 (可参考课标"教学策略"、PCK课件中KoS)				
(7)基于各任务的教与学活动设计 (可参考"学习活动建议"、PCK课件中KoS)				
B2 情境问题设计（KoS-CTO） (8)与教学活动匹配的情境素材设计 (可参考课标"情境素材建议"、素材资源搜索)				
(9)与情境匹配的问题设计				
C2 生成构建性教学目标 [可综合参考(1)~(9)]				
B3 评价发展设计（KoA-CTO） (10) 评价任务的设计 [可综合参考(6)和(7)]				
C2 生成评价目标 (评价内容与评价方法)[可综合参考(3)和(10)]				

C 参数提炼

C3 教学主线提炼

提炼衔接各板块的主线(6种主线) [可综合参考(2)-(10)]				

数字化资源位置说明

位置	页码	内容
第1章 化学教学理解理论	9	拓展阅读
第3章 任务分析——内容架构分析	47	本章导读
	55	学生作业示例
第4章 任务分析——板块功能分析	57	本章导读
	66	学生作业示例
第5章 任务分析——学习特征分析	68	本章导读
	80	学生作业示例
第6章 策略设计——任务/活动设计	82	本章导读
第7章 策略设计——情境/问题设计	88	本章导读
	99	学生作业示例
第8章 策略设计——评价发展设计	101	本章导读
	115	学生作业示例
第9章 设计主线提炼	117	本章导读
	130	学生作业示例
案例篇	139	案例一附录
	151	案例二附录
	166	案例三附录一
	166	案例三附录二
	167	学生作业示例